독자의 1초를
아껴주는 정성을
만나보세요!

세상이 아무리 바쁘게 돌아가더라도 책까지 아무렇게나 빨리 만들 수는 없습니다.

인스턴트 식품 같은 책보다 오래 익힌 술이나 장맛이 밴 책을 만들고 싶습니다.

땀 흘리며 일하는 당신을 위해 한 권 한 권 마음을 다해 만들겠습니다.

마지막 페이지에서 만날 새로운 당신을 위해 더 나은 길을 준비하겠습니다.

JN442571

# 프로그램을 읽는 기술

The Art of Reading Programs

**초판 발행** • 2025년 12월 18일

**지은이** • 이와마츠 히로시
**옮긴이** • 나민성
**발행인** • 이종원
**발행처** • (주)도서출판 길벗
**출판사 등록일** • 1990년 12월 24일
**주소** • 서울시 마포구 월드컵로 10길 56(서교동)
**대표 전화** • 02)332-0931 | **팩스** • 02)323-0586
**홈페이지** • www.gilbut.co.kr | **이메일** • gilbut@gilbut.co.kr

**기획 및 책임편집** • 정지은(je7304@gilbut.co.kr) | **편집** • 정지은 | **디자인** • 송민우
**제작** • 이준호, 손일순, 이진혁 | **마케팅** • 임태호, 전선하, 박민영, 서현정, 박성용 | **유통혁신** • 한준희
**영업관리** • 김명자 | **독자지원** • 윤정아
**교정교열** • 강민철 | **전산편집** • 박진희 | **CTP 출력 및 인쇄** • 금강인쇄 | **제본** • 금강인쇄



**ISBN** 979-11-407-1707-1 93000
(길벗 도서번호 080458)

**정가** 20,000원

---



**페이스북** • https://www.facebook.com/gbitbook
**예제 소스** • https://github.com/gilbutITbook/080458

# 프로그램을 읽는 기술

이와마츠 히로시 지음
나민성 옮김

길벗

프로그래머 인력이 부족하다고 이야기되는 요즘, 프로그래밍 교육이라고 하면 단지 프로그램을 만들어 내는 인재를 육성하는 것에만 치중하기 쉽습니다.

저자는 오카야마대학 정보공학과 및 대학원에서 프로그래밍을 배우고, 회사에서 프로그래머로 일했습니다. 그 과정에서 '프로그램을 읽는 것'의 중요성에 관심을 갖고 그 관점에서 이 책을 썼습니다.

요즘에는 프로그램 시스템을 단기간에 만들기 위해 기존 프로그램을 활용하고, 되도록 직접 프로그램을 작성하지 않기를 권장하는 것 같습니다. 파이썬은 특히 그런 경향이 강해서 라이브러리를 잘 활용하는 것이 프로그래밍의 주된 작업이 되는 느낌입니다. 회사에서 일하다 보면 선배 프로그래머가 만든 프로그램을 유지보수할 때도 있을 것이고, 자신이 예전에 만든 프로그램을 수정할 때도 있을 것입니다. 그럴 때 보통 요구되는 능력이 프로그램을 읽는 기술입니다.

이 책은 이러한 프로그램을 읽는 기술을 초심자의 관점에서 쉽게 이해할 수 있게 쓴 책입니다. 100% 필자의 경험을 바탕으로 작성되었습니다. 어쩌면 고급 프로그래머라면 누구나 생각해 봤던 내용일 수도 있지만, 저자의 경험을 알기 쉽게 언어화하고 체계화하여 프로그래밍에 종사하는 사람이라면 누구나 바로 읽을 수 있는 내용으로 구성되어 있습니다. 말하자면 저자만의 노하우가 집약된 기술서라고 할 수 있겠네요. 2장에서는 다른 사람의 프로그램을 읽기가 어려운 이유에 대해 여러 근거를 바탕으로 설명합니다. 3장부터 5장까지는 프로그램을 읽는 기술을 다룹니다. 우선 3장에서는 프로그램과 외부의 접점인 입력과 출력부터 파악하기를 권장합니다. 4장에서는 프로그램 전체를 파악하는 방법을, 5장에서는 효율적으로 한 줄씩 읽는 요령을 설명합니다. 6장 이후는 구체적인 프로그램을 다루어 실질적인 기술을 익힐 수 있도록 합니다.

전체적으로 편안하고 부담 없이 읽을 수 있어, 읽다 보면 머릿속에 쏙쏙 들어올 것입니다. 중간중간 C 언어와 파이썬 코드가 나오지만, 이 언어들을 잘 모르더라도 내용을 이해할 수 있습니다. 문법의 기초를 익혔다면, 다음으로 이 책을 읽어 프로그램을 읽는 기술을 알아봅시다.

프로그램을 잘 읽을 줄 안다면 분명 여러분이 만드는 프로그램도 읽기 쉬운 프로그램이 될 수 있을 것입니다.

2024년 9월 2일

코난대학 지능정보학부 교수

다나카 마사히로

프로젝트 팀에서 시스템 개발을 하던 시절, 소스 코드 리뷰에서 한 선배가 아주 날카롭게 지적한 적이 있었습니다. 그 인상이 너무 깊게 남아 아직도 기억이 납니다. '소스 코드를 읽었을 뿐인데 어떻게 저렇게 깊이 있는 지적을 할 수 있을까'라는 생각이 들었죠. 초보였던 저는 고작 변수의 철자 오류 정도나 지적할 수 있었는데, 그 선배는 코드 리뷰로 프로그램의 구조적인 문제점을 찾았습니다. 저는 코드 한 줄 한 줄 읽는데 급급했지만, 선배는 아마 프로그램의 전체 모습이 보였을 것입니다. 게다가 '나 같으면 이렇게 설계하겠다'라는 생각으로 전체 모습을 머릿속에 그릴 수 있었기 때문에 구조적인 실수를 놓치지 않았던 것 같습니다. 지금 돌이켜보면 그런 것 같습니다.

지금 저 역시 프로그래밍 강의를 할 때 학생이 프로그램이 실행되지 않는다고 질문하면, 그 프로그램의 소스 코드를 보면서 프로그램의 전체적인 모습을 그린 다음 어디에 문제가 있는지 찾아서 어떻게 수정할지 답변합니다. 그렇게 생각하면 지금의 저는 당시 선배만큼 프로그램을 보는 방법을 알게 된 것일지도 모르겠습니다.

**프로그램을 잘 읽으려면 어떻게 해야 할까요?**

그러려면 프로그램을 많이 읽는 수밖에 없습니다. 저는 일의 특성상 프로그램을 수정할 기회가 많았고, 그래서 신입 프로그래머 시절부터 필연적으로 프로그램을 많이 읽을 수 있었습니다. 그 결과 효율적으로 프로그램의 전체를 볼 수 있게 되었습니다.

앞으로 프로그램을 읽는 힘을 기르고 싶은 여러분도 마찬가지입니다. 읽기 위해서는 읽는 양을 늘리면 확실히 도움이 됩니다. 여기서 많이 읽는다는 것은 닥치는 대로 읽는 것이 아니라, 읽는 방법을 알고 난 뒤에 읽으라는 뜻입니다. 그래야 저보다 좀 더 효율적으로, 더 빨리, 더 적은 양을 읽고도 프로그램의 전체 모습을 파악할 수 있을 것입니다. 이 책은 이 부분에 초점을 맞춰 정리했습니다.

이 책을 통해서 프로그램을 읽는 방법, 읽을 때 생각하는 방법을 알았으면 합니다. **많이 읽으면 작성하는 기술도 향상됩니다.**

마지막으로, 프로그램을 많이 읽으면 프로그램을 더 잘 만들 수 있다는 점도 강조하고 싶습니다.

프로그램을 많이 읽다 보면 읽기 쉬운 프로그램과 그렇지 않은 프로그램이 있음을 알게 됩니다. 읽기 쉬운 프로그램을 많이 읽으면 자연스럽게 읽기 쉬운 프로그램을 작성하는 법을 알 수 있습니다.

인터넷에 공개된 프로그램이나 파이썬 모듈은 대부분 실력이 뛰어난 프로그래머가 작성했습니다. 이러한 프로그램을 읽는 것은 새로운 프로그래밍 기술과 작성 방법, 설계 관점을 익힐 수 있는 아주 좋은 기회가 됩니다. 이러한 프로그램을 적극적으로 읽음으로써 프로그램의 방법의 폭을 넓힐 수 있을 것입니다.

또한 이런 프로그램들은 다른 사람들이 해당 프로그램의 코드를 읽는다는 것을 염두에 두고 만들어졌습니다. 즉, 고도의 기술이 읽기 쉽고 가독성이나 유지보수성이 높은 프로그램에 담겨 있다는 말입니다. 읽기 쉬운 프로그램을 읽고, 그것을 본보기로 스스로도 기회를 찾아 똑같이 작성해 봅니다. 이것을 반복하면 여러분도 읽기 쉬운 프로그램을 작성할 수 있게 됩니다.

이 책을 통해 프로그램을 읽고 작성하거나 설계하는 수준이 높아진 프로그래머가 늘어난다면 저자로서 더할 나위 없이 행복할 것입니다. 앞으로도 꼭 프로그램을 계속 읽어주기 바랍니다.

2024년 9월 5일

이와마츠 히로시

'프로그램을 읽는 기술'은 왜 필요할까요? 바로 프로그램을 올바르게 이해하기 위해서입니다. 그렇다면 프로그램은 왜 이해해야 할까요? 프로그램을 고치기 위해서입니다.

프로그램에는 완결이 없습니다. 버그를 수정해야 할 때도 있고, 새로운 기능을 추가해야 할 때도 있습니다. 동작 방식을 이해해야만 수정을 시도할 수 있고, 새로운 버그 없이 제대로 동작하는 프로그램을 만들 수 있습니다.

새로운 프로그램을 만들 때도 기존 프로그램을 이해하고 있으면 이를 응용해 더 빠르고 탄탄하게 개발할 수 있습니다.

AI 기술이 발전하면서 코딩을 직접 하지 않아도 되는 시대가 되었습니다. '코딩을 안 하는데 코드를 읽는 기술이 필요할까?'라는 생각이 들 수 있지만, 오히려 코딩을 직접 하지 않기 때문에 코드를 읽는 기술이 더욱 필요해질 것입니다.

AI는 많은 일을 해주지만 할 수 없는 일도 있습니다. AI는 기존 코드를 취합해 최적의 코드를 생성할 수 있습니다. 하지만 판단과 결정은 결국 사람의 몫입니다. 그렇다면 판단과 결정은 어떻게 내려야 할까요? 결국 코드를 읽어야 평가할 수 있고, 제대로 된 판단과 결정을 내릴 수 있습니다.

이 책을 통해 '프로그램을 읽는 기술'을 익히고 더 빨리 숙련자가 되기를 바랍니다.

나민성

저도 그랬지만 대부분의 개발자들이 회사에 처음 입사해서 하는 일 중 하나는 선배들이 작성한 코드를 읽고 이해하는 일일 것입니다. 사실 남이 작성한 코드를 맨바닥부터 읽고 이해하기란 참 번거롭고 어려운 일이지만, 개발자의 개발 의도와 코드의 동작 흐름을 이해하기 위해서는 반드시 수행해야 할 과정이라고 생각합니다. 이 책에서는 짧은 분량 속에서도 코드를 읽는 방법과 실제 프로그램 속에서도 코드를 읽는 방법을 설명하며 프로그램의 동작 원리를 이해하는 실습을 해봅니다. 어떻게 보면 개인적으로도 가볍게 여길 법한 코드 읽는 방법에 대해서 다시 살펴보고 그 중요성에 대해서 환기할 수 있어서 좋았습니다. 또한 주제와 연관된 쉬운 예제를 부담 없이 읽으며 저자가 전달하고자 했던 의도를 이해할 수 있었습니다.

**강찬석_LG전자**

한동안 혼자 프로그램 개발을 하면서 다른 개발자의 프로그램을 볼 여유가 없었습니다. 원하는 기능을 만드는 데 불편함을 느끼지 못했고, 고객의 반응도 좋았기에 프로그램의 품질까지는 신경 쓰지 못했습니다. 이 책을 보면서 여러 개발자가 모여 서비스를 만들고, 그들의 코드를 보면서 제대로 프로그램을 읽는 법에 미숙하다는 점을 다시 깨달았습니다. 이 책은 프로그램을 올바르게 보는 방법을 알려줍니다. 개발자는 코드로 말한다고 합니다. 누군가의 멋진 말을 제대로 알아듣지 못한다면 본인의 손해 아닐까요? 이 책으로 프로그램의 멋진 세계를 마음껏 감상해 보기를 바랍니다.

**김동우_스타트업 개발 PM**

좋은 글을 쓰려면 우선 좋은 글을 많이 읽어야 합니다. 프로그래밍과 코딩도 마찬가지입니다. 이 책은 설계부터 프로그래밍 언어 선택, 함수 구성과 변수명 명명 그리고 주석의 작성까지 다양한 측면에서 프로그램을 읽는 기술을 안내합니다. 파이썬 코드로 구현하는 예시 프로그램을 통해 전체 코드를 파악하고 세부 코드를 이해하는 과정에서 코드 작성의 방법과 프로그램 속 코드를 이해할 수 있습니다. 프로그램을 읽는 것이 낯설거나 코드를 명확한 기준으로 이해하고 싶은 분께 책을 추천합니다.

**임승민_CSLEE DS팀**

이 책은 독자들에게 프로그램의 코드를 읽고 이해하는 능력의 중요성을 일깨워 줍니다. 기존 운영되는 프로그램에 기능을 추가하거나 또는 프로그램을 특정 사양에 맞게 변경해야 할 때 새로운 기능이 제대로 실행되거나 변경 사항이 없는 기능이 제대로 실행되는지 등을 파악하기 위해서 코드를 이해하고 해석하는 능력, 그리고 코드의 영향 범위를 파악할 수 있는 능력의 중요함을 일깨워 줍니다. 특히 프로그램의 설계를 파악하는 것이 프로그램을 읽는 목적으로 설명하는 부분에서 어떤 부분을 어느 정도까지 세부적으로 읽어 갈지는 프로그램을 읽고 무엇을 하느냐에 따라 달라진다는 저자의 의견에 깊이 공감했습니다. 또한 이 책을 읽으며, 프로그램을 많이 읽을수록 코드를 이해하는 능력도 함께 늘어난다는 사실을 다시 한번 생각하게 됐습니다. 최근 AI가 실무에 도입되고 프로그램을 읽고 이해하는 부분을 AI에 도움을 받을 수 있지만 서비스를 개발/운영하고, 코드를 작성하는 주인인 개발자가 이런 능력을 향상시키기 위해 노력해야 한다는 점도 다시 한번 일깨워 주었습니다.

**최인주_에스에스지닷컴**

# 1장

# 왜 프로그램을 읽는 힘이 필요한가?

프로그래머라면 프로그램을 작성하는 것이 주요 업무이고, 프로그램을 읽는 것은 그만큼 중요하지 않다고 생각하는 사람도 있을 것입니다. 반면 프로그램을 읽는 것은 매우 중요하며, 효율적으로 읽는 기술을 꼭 알고 싶어 하는 사람도 많습니다.

프로그램을 읽는 것의 중요성을 아는 사람은 아마도 어느 정도 프로그래밍 경험이 있고, 특히 업무로 프로그래밍을 하는 사람일 것입니다. 그중에서도 프로그래밍 업무를 시작한 지 얼마 되지 않은 사람일 가능성이 높다고 생각합니다.

반면, 프로그램 읽기의 중요성이 바로 와닿지 않는 사람은 프로그래밍 언어 입문서를 읽고 이제 막 프로그램을 만들어 보려는 단계에 있는 사람들이 대부분일 것입니다.

하지만 잘 생각해 보면, 이런 사람들에게도 프로그램을 읽을 기회는 얼마든지 있습니다. 초심자 단계에서도 실제로는 많은 프로그램을 '읽고 있기' 때문입니다.

저 역시 처음에는 프로그램을 읽는 것의 의미나 장점에 대해 그다지 깊이 생각하지 않았습니다. 하지만 지금은 다릅니다. 프로그램을 읽는 것에는 다양한 효과가 있습니다. 이 책에서는 프로그램을 읽을 기회가 생각보다 많다는 점과 프로그램을 읽는 것의 장점, 그 의미에 대한 저의 경험을 여러분과 공유하고자 합니다. 제 경험과 생각을 중심으로 이야기하지만, 결코 저만의 특별한 이야기는 아닙니다. 많은 프로그래머에게 공통적으로 적용될 수 있는 이야기입니다. 그러니 여러분이 앞으로 걸어가야 할 길이라고 생각하며 읽어 주기 바랍니다.

## 초심자가 프로그램을 읽을 수 있는 기회

제가 프로그래밍 세계에 발을 들여놓은 것은 대학 시절이었습니다. 오카야마대학 공학부 정보공학과(현 정보공학 코스)에 진학했지만, 프로그래밍에 대해서는 문외한이었습니다. 그때를 돌이켜보면 다음과 같이 프로그램을 '읽을 수 있는' 기회가 있었습니다.

1. 학습용 샘플 프로그램 읽기
2. 책의 샘플 프로그램 읽기
3. 친구의 프로그램 읽기
4. 과거에 내가 작성한 프로그램 읽기
5. 선배의 프로그램 읽기

3번이나 5번처럼 주변 사람이 작성한 프로그램을 읽을 수 있는 기회는 각자의 환경에 따라 다릅니다. 하지만 2번이나 4번은 누구에게나 가능합니다.

**1 학습용 샘플 프로그램 읽기**는 주로 대학 수업에서 이루어집니다. 프로그래밍 수업의 초기 단계에는 기본 문법을 배우는 입문 수준의 강의가 있습니다. 이러한 수업을 통해 프로그래밍을 위한 준비가 갖춰지면 다음과 같은 과제가 주어집니다.

- 프로그램의 버그를 수정하기
- 중간까지 작성된 프로그램의 나머지를 작성해 완성하기

모두 샘플 프로그램을 전달받아 지시대로 버그를 수정하거나 프로그램의 나머지를 작성해 완성하는 과제입니다. 어딘가에 있을 버그를 찾아내기 위해서는 프로그램을 한 줄 한 줄 읽어 가며 이해해야 합니다. 또한 작성 중인 프로그램을 완성하고 남은 부분을 채워 넣으려면 이미 작성된 부분에 무엇이 쓰여 있는지 이해해야만 합니다.

**2 책의 샘플 프로그램 읽기**는 많은 사람이 경험했을 것입니다. 제가 대학생 때 구독했던 컴퓨터 잡지에는 게임 프로그램이 실려 있었습니다. 프로그램을 작성할 수 있게 된 저는 그 프로그램으로 놀고 싶었습니다. 며칠에 걸쳐 조금씩 프로그

램을 입력하고 마침내 완성해 컴파일[1]하던 순간, 안타깝게도 오류가 발생했습니다.

문법 오류는 어떻게든 고쳐서 컴파일했지만, 막상 실행하면 커서 키를 눌러도 움직이지 않았습니다. 스페이스 키를 눌러도 총알은 발사되지 않았습니다. '어디가 문제지?'라고 생각하며 프로그램 소스 코드를 살펴봤지만 이상한 부분이나 버그를 찾을 수 없었고, 모처럼 입력한 프로그램이 움직이지 않아 결국 삭제하고 말았습니다.

버그를 찾기 위해서는 프로그램을 한 줄씩 이해해 가며 오류의 원인을 찾아야 했지만, 초심자 단계를 갓 벗어난 저는 잡지의 프로그램을 그만큼 이해할 능력이 되지 않았습니다. 그래서 무척 아쉬웠던 기억이 있습니다.

책이나 잡지의 샘플 프로그램, 혹은 인터넷에서 발견한 프로그램, 어쩌면 생성형 AI가 만든 프로그램을 읽을 기회는 프로그램의 난이도에 상관없이 많습니다. 이해하는 능력이 필요한 이유는 프로그램이 제대로 동작하지 않을 때 문제를 해결하기 위해 코드를 한 줄씩 읽고 정확히 이해해야 하기 때문입니다.

**3 친구의 프로그램 읽기**는 주변 사람의 프로그램을 참고해야 하는 상황에서 필요합니다. 제 경우에는 프로그래밍 수업 과제로 컴파일러 만들기가 있었습니다. 아주 간단한 가상의 프로그래밍 언어를 직접 만들고, 그 문법으로 작성한 프로그램을 리스프(LISP) 언어의 프로그램으로 변환하는 과제였습니다.

저는 if문과 for문만 있는 프로그래밍 언어를 설계하고 그것에 맞춰 리스프용 컴파일러 프로그램을 만들었는데, 어떻게 해도 컴파일이 되지 않았습니다. 그래서 똑같은 설계로 작업하던 친구의 프로그램을 참고하기로 했습니다. 이때 친구의 프로그램을 읽고 이해하지 못하면 내 프로그램에 활용할 수 없습니다. 잡지의 프로그램과 달리 이해할 수 없는 부분이 있으면 친구에게 물어볼 수 있었고, 그렇게 어떻게든 컴파일러를 완성할 수 있었습니다.

---

1 코드로 작성된 프로그램을 컴퓨터가 실행할 수 있는 형식으로 변환하는 것으로, 프로그래밍 언어에 따라 프로그램의 실행하기 위해 컴파일이 필요할 수도 있습니다.

이건 저의 학창 시절 이야기지만, 프로그래머도 같은 상황에 놓일 수 있습니다. 시스템 개발 프로젝트에서 소스 코드를 리뷰하는 경우, 동료의 프로그램을 읽어야 할 때가 생기는데 이것이 저의 경험과 같다고 볼 수 있습니다. 물론 동료의 프로그램을 참고해야 하는 경우도 적지 않습니다.

**4 과거에 내가 작성한 프로그램 읽기**도 의외로 흔합니다. 이때도 생각보다 어려운 경우가 있습니다. '내가 작성한 프로그램이니까 쉽게 읽을 수 있겠지?'라고 생각할 수도 있을 것입니다. 하지만 어느 정도 프로그래밍을 해본 사람이라면 알겠지만, 자신이 작성한 프로그램이더라도 주의를 기울여 읽지 않으면 잘 파악되지 않는 경우가 있습니다.

이와 관련해 인상적인 경험이 있는데, 프로그램 제작 실습 때 제출한 프로그램에 미흡한 점이 있어 다시 제출해야 했을 때입니다. 겨우 한 달 정도 전에 제가 직접 작성한 프로그램이었지만, 다시 읽어 보니 이해하기 너무 어려웠고 프로그램을 이해하기까지 상당한 노력이 필요했습니다.

자신이 작성한 프로그램인데도 한 달만 지나면 기억이 나지 않아, 프로그램 소스를 읽어도 '왜 이 함수를 만들었을까? 이 변수에는 어떤 값이 대입되는 걸까?' 등 수많은 의문이 생겼습니다. 내가 만든 코드이므로 남에게 물어볼 수도 없었습니다. 과제라서 설계 문서도 만들지 않았습니다. 결국 과제를 제출하려면 프로그램을 처음부터 다시 읽어야 했습니다. 내가 만든 프로그램이니까 당연히 알 거라고 생각했지만, 그렇지 않았습니다.

**5 선배의 프로그램 읽기**에서는 문서와 조력자가 있는 상황에서도 다른 사람의 프로그램을 읽기가 쉽지 않음을 실감했습니다.

제가 4학년이 되었을 때 연구실에 소속되어 졸업 논문을 위한 연구가 시작되었습니다. MATLAB이라는 프로그래밍 언어로 연구 주제에 따라 수치 계산을 하는 프로그램을 만들었습니다. 이 연구는 선배에게 물려받은 것으로, 기본적으로 선배가 만든 프로그램을 수정하고 개조해 자신의 연구에 활용했습니다.

그 선배는 작년에 졸업했기 때문에 직접 도움을 받을 수 없었고, 선배의 졸업 논문을 참고해 어떻게든 프로그램을 해석했습니다. 선배를 지도했던 조교수님이 저까지 담당하신 것이 큰 도움이 되었습니다.

하지만 해석하는 일 자체는 굉장히 힘들었습니다. 당시 제 프로그래밍 실력은 작성하는 것도, 읽는 것도 미흡했던 터라 선배의 프로그램을 해석하기가 더 힘들었습니다.

지금까지 제 경험을 바탕으로 이야기했습니다. 제가 겪은 모든 상황은 '읽지 않으면 쓸 수 없는' 경우였는데, 모두 그런 점을 이해했으리라 생각합니다. '프로그램은 코드를 작성하는 일이다'라고 생각할 수도 있겠지만, 프로그램을 제대로 읽지 못하면 작성할 때 큰 어려움을 겪을 수 있습니다. 실제로 프로그램을 만드는 일련의 과정에서 '읽는 기술'을 기르는 것이 전체적인 개발 효율을 크게 향상시킨다는 사실을 곧 깨달을 것입니다.

## 실무에서 프로그램을 읽어야 하는 이유

지금까지 살펴본 것처럼, 학습 단계에서도 프로그램을 읽을 기회는 많습니다. 프로그램 관련 업무를 하게 되면 그 기회는 더욱 늘어나고, 프로그램을 읽는 속도와 정확도가 작업 효율에 직결됩니다. 따라서 효율적으로 읽는 능력이 요구됩니다.

제 경험에 비춰 보면 업무 중 프로그램을 읽을 기회를 다음과 같습니다.

1. 버그 수정 · 디버그
2. 기능 추가 · 사양 변경
3. 소스 코드 리뷰
4. 코드 리팩터링
5. 다른 사람의 코드 인수인계

6. 테스트 작성

7. 코드의 문서화

각각 무엇을 목적으로 어떻게 읽어야만 하는지 조금씩 다릅니다. 하나씩 어떤 관점으로 프로그램을 읽어야 하는지 살펴봅시다.

1 **버그 수정 · 디버그**는 프로그램에서 수정해야 하는 부분만 찾아내 수정하는 것입니다. 시스템 개발에서 코딩보다 테스트 및 디버깅이 더 오래 걸리곤 합니다. 테스트는 보통 코딩보다 1.5배에서 2배의 시간이 걸리기 마련입니다. 작업의 공수[2]를 계산할 때도 이 정도를 기준으로 합니다.

테스트 공정에서 발견된 버그는 수정해야 합니다. 버그가 많이 발견될수록 프로그램을 읽는 시간도 길어집니다.

프로그램을 수정할 때는 프로그램을 해석하고 이해한 후에 수정하는 것이 중요합니다. 프로그램을 제대로 이해하지 못한 상태에서 수정하면 오히려 새로운 버그를 만들어 낼 수 있습니다. 사실 버그가 버그를 낳는 일은 개발 현장에서 흔히 일어납니다.

이미 사용하는 프로그램에 기능을 추가하거나 이용 실태에 맞게 사양을 변경해야 할 때도 있습니다. 이것이 2 **기능 추가 · 사양 변경**입니다.

저는 참여한 프로젝트에서 신규 시스템을 처음부터 담당한 경우가 그리 많지 않습니다. 참여한 대부분의 프로젝트는 기능 추가나 사양 변경, 버전업 등 기존 시스템을 변경하는 일이었습니다. 기억을 되짚어 보면 변경 작업이 신규 작업의 다섯 배였습니다.

제가 기존에 담당했던 시스템을 변경하는 경우도 있었고, 어떤 경우에는 새로운 시스템을 변경하기도 했습니다. 어느 쪽이든 이미 운영 중인 시스템을 수정하는 것이었습니다.

---

2 공수란 작업에 필요한 작업량을 수치화한 것입니다. 이 수치는 시간(Hour)으로도 나타내고 일(Day)로도 나타냅니다. 만약에 완료까지 40시간이 필요한 경우 시간이라면 40H, 일이라면 하루에 보통 8시간의 일을 하므로 5D가 됩니다. 만약에 4시간의 일이라면 시간은 4H이고 일로는 0.5D로 표현합니다.

기능 추가나 사양 변경이 어려운 것은 이미 운영 중인 시스템을 망가뜨리지 않고 수정해야 하기 때문입니다. 기능을 추가한 부분이 제대로 작동하는 것은 물론이고, 수정으로 인해 기존에 사용하던 기능이 작동하지 않게 되는 상황은 반드시 피해야 합니다. 그러기 위해서는 기존 프로그램을 해석하고, 해석한 후 프로그램을 수정하는 절차가 필요합니다. 따라서 기능을 추가하거나 수정할 부분만 읽는 것만으로는 결코 충분하지 않습니다. 코드의 영향 범위를 파악할 수 있는 읽기 능력이 요구되며, 손을 댈 필요가 없는 부분도 읽어낼 수 있어야 합니다.

프로젝트에 참여하다 보면 **3 소스 코드 리뷰**에 정기적으로 참여하는 경우가 많아집니다. 소스 코드 리뷰란 개발팀에서 다른 팀원이 작성한 프로그램(소스 코드)을 검토하는 것입니다. 본인뿐만 아니라 여러 사람의 눈을 통해 문제점이나 개선점을 찾아 프로그램의 품질을 향상하기 위한 활동입니다. 팀원 전체 또는 선택된 일부 팀원이 일정한 완성도에 도달한 프로그램을 리뷰합니다.

제가 경험한 소스 코드 리뷰에서 인상 깊었던 것은 작성된 프로그램을 인쇄해 팀원들에게 배포하고 회의실에서 한 줄씩 따라가며 읽는 방식이었습니다. 이 방식을 사용한 것은 약 25년 전의 일인데, 프로그램 작성자가 코드를 설명할 때도 있었고, 그냥 조용히 모두가 프로그램을 뚫어져라 쳐다보며 읽을 때도 있었습니다.

소스 코드 리뷰에서는 '프로그램 내부 또는 다른 프로그램과의 모순이 없는가? 로직이 올바른가? 코딩 규약에 맞는가? 프로그램이 읽기 쉬운가? 유지보수가 쉬운가?'라는 관점에서 프로그램을 평가합니다.

소스 코드 리뷰를 잘하는 사람일수록 프로그램 또는 시스템 전체를 파악할 줄 알고, 동시에 프로그램의 세세한 부분도 잘 읽어낸다고 생각합니다. 즉, 읽는 능력이 좋다는 뜻입니다. 종종 프로그램을 잘 읽는 사람이 만들기도 잘합니다. 이런 경험으로 볼 때 저는 읽는 능력과 작성하는 능력이 연결되어 있다고 생각합니다.

**4 코드 리팩터링**은 조금 특수한 경우일지도 모르겠습니다. 리팩터링을 할 때도 역시 읽는 기술이 필요하며, 개인적으로 기억에 남는 인상 깊은 프로젝트가 있습니다.

리팩터링이란 동작을 바꾸지 않고 프로그램을 고치는 것입니다. 대부분의 경우 지속적으로 개발이 이루어지는 시스템에서는 유지보수성과 수정 작업의 효율을 높이기 위해 프로그램을 읽기 쉬운 형태로 개선합니다.

한 번은 저희 팀이 개발한 지 5년 정도 된 시스템을 리팩터링하는 데 참여한 적이 있습니다. 그동안 사양 변경 및 기능 추가를 반복한 결과, 프로그램이 읽기 어렵고 유지보수성이 낮아졌습니다. 중간에 개발 팀원도 바뀌었고, 이대로는 시스템을 유지보수하고 수정하는 데 한계에 부딪혀 리팩터링을 하기로 했습니다.

리팩터링은 가동 중인 시스템의 동작이 바뀌지 않아야 하고, 수정할 때 버그를 만들지 않아야 합니다. 게다가 읽기 어려운 프로그램을 읽어내야 합니다. 제가 경험한 일 중에서도 프로그램을 읽는 기술이 가장 필요했던 사례로 특히 기억에 남습니다.

**5 다른 사람의 코드를 인수인계** 할 때도 '읽는 기술'이 매우 중요합니다. 신규 개발 프로그램에 참여했던 프로그래머가 사양 변경이나 개선 프로젝트를 그대로 담당한다는 보장이 없기 때문입니다. 코드를 작성한 사람이 다른 프로젝트를 담당하거나 다른 부서로 이동 또는 퇴사하는 등 다양한 이유가 있습니다.

이럴 때 자신이 만들지 않은 프로그램을 전임자에게 이어받아 담당합니다. 문서나 사양서가 있으면 그것을 참고하지만, 그럼에도 다른 사람의 프로그램을 읽을 때는 어려울 수 있고, 그런 문서가 없을 수도 있습니다. 프로그램을 작성한 사람이 다른 프로젝트를 하는 중이더라도 연락이 된다면 다행이지만, 퇴사해 연락조차 되지 않는다면 어떤 도움도 없이 프로그램을 읽어야 하는 상황이 생깁니다.

**6 테스트 작성**도 개발 프로젝트의 중요한 프로세스 중 하나입니다. 이때도 프로그램을 읽는 능력이 필요합니다.

테스트에서는 작성 또는 수정한 프로그램이 오류 없이 동작하는지 확인합니다. 개별 프로그램에 대한 테스트인 단위 테스트를 할 때는 프로그램이 의도한 대로 동작하는지 확인하기 위해 어떤 테스트가 필요한지 생각해야 합니다. 각각의 테스트를 테스트 케이스라고 합니다. 테스트 케이스를 만드는 것이 테스트 준비입니다. 여기서 프로그램을 읽을 수 없으면 테스트 케이스를 어떻게 만들지 생각할 수 없습니다.

또한, 여러 프로그램을 연동해 하나의 시스템으로 동작하는지 점검하는 통합 테스트에서는 주로 사양서의 내용을 바탕으로 테스트 케이스를 만듭니다. 하지만 사양서에 적혀 있지 않은 내용도 많아, 결국 관련 프로그램을 읽고 사양서를 보완해야 하는 경우도 꽤 많이 생깁니다.

**7 코드의 문서화**는 코드의 목적, 기능, 사용법을 정리해 문서화하는 것입니다.

개발은 보통 문서(요건 정의서, 설계서 등)를 먼저 만들고 코드로 구현합니다. 문서를 만든 다음 코드를 만들기 때문에 코드와 문서는 내용이 같습니다.

하지만 코드는 변경이 생기기 마련이고 그때 문서를 변경하지 않고 코드만 변경하면 내용이 서로 달라집니다. 혹은 변경 계획이 생겨 문서는 고쳤지만 코드는 수정 없이 방치되기도 합니다.

또 프로그래밍으로 구현이 가능한지를 알기 위해 코드를 먼저 만들어 보고 그것에 맞춰 문서를 작성하는 경우도 있습니다.

이런 경우에도 프로그램을 읽을 수 있어야 문서와 어떤 점이 다른지 알고 고칠 수 있습니다.

## 읽으면 읽을수록 스킬업

이처럼 학습하거나 일을 할 때 프로그램을 읽을 기회가 많습니다. 프로그램을 효율적이고 정확하게 읽으면 학습과 개발의 효율성이 저절로 높아집니다. 그런 의미에서 프로그램 읽기는 프로그래머에게 중요한 기술입니다.

숙련된 프로그래머라면 프로그램을 읽는 능력이 얼마나 중요한지 누구보다 잘 알고 있을 것입니다. 그리고 프로그램을 읽는 기술도 이미 갖추고 있습니다. 그런데 사실 이러한 읽기 능력은 수많은 프로그램을 읽는 과정을 거치면서 자연스럽게 습득하는 경우가 많습니다. 그래서 선배에게 그 기술을 배우려고 해도 생각만큼 쉽게 배울 수 없습니다. 오랜 경험 끝에 어느새 몸에 배어서 기술을 익혔으므로 선배 본인도 어떻게 읽을 수 있게 되었는지 말로 풀어 설명하기 어려운 탓입니다.

확실히 저도 다양한 프로그램을 읽은 덕분에 어느새 프로그램을 잘 읽을 수 있게 되었습니다. 하지만 분명히 읽는 데는 요령이 있고, 읽는 방법도 있습니다. 이 책에서는 프로그래머로서 제가 프로그램을 읽을 때 어떤 생각을 하는지 가능한 한 체계적으로 정리했습니다. 프로그래밍을 배우는 사람에게도, 일 잘하는 프로그래머가 되고 싶은 사람에게도 도움이 되도록 프로그램을 읽는 기술을 정리했다고 자부합니다.

2장에서는 다른 사람이 작성한 프로그램이 왜 읽기 어려운지를 알아봅니다. 프로그램이 읽기 어려운 이유를 알면 어디부터 풀어 가야 할지 알 수 있습니다.

프로그램을 읽을 때는 무엇을 읽어야 할까요? 막연하게 읽는 것보다는 목적을 가지고 읽는 편이 더 효율적입니다. 그렇다면 처음 읽을 때는 어디에 주목하고 무엇을 읽어야 할까요? 어떤 프로그램이든 읽는 방법에는 원칙이 있습니다(3장과 4장).

여러분은 프로그램을 어떻게 작성해야 하는지, 기본적인 문법은 이미 알고 있습니다. 문법 지식을 읽을 때도 필수입니다. 어떤 구문을 어떻게 읽어야 하는지, 구체적인 코드를 보면서 읽을 때 어떤 문법을 활용하는지도 설명합니다(5장).

6장부터는 실습 파트입니다. 다양한 프로그램을 실습용으로 준비했습니다. 앞서 살펴본 것처럼 프로그램을 읽는 이유는 다양하고, 프로그램을 읽어서 무엇을 하고 싶은지는 천차만별입니다. 따라서 '이렇게 읽는 것이 정답'이라고 유일한 답으로 단정할 수 없기 마련입니다. 이 책의 실습 파트에서 설명하는 것은 어디까지나 여러 읽는 방법 중 한 가지 예일 뿐입니다. 이미 해석한 프로그램이더라도 다양한 관점에서 다시 읽어 보면 읽는 기술은 향상됩니다. 꼭 한 번만이 아닌 두 번, 세 번 읽어 보기 바랍니다.

프로그램을 읽는 방법을 알면 더 빨리 프로그램을 읽을 수 있게 됩니다. 이 책으로 프로그램을 읽는 방법을 배우고, 많은 프로그램을 읽어 보기 바랍니다. 요령을 알고 나서 시작하면 저보다 더 빠르게 프로그램을 읽을 수 있을 것입니다.

마지막으로, 프로그램을 읽는 것의 장점을 정리해 보겠습니다. 지금까지 설명했듯이 학습과 업무의 효율이 높아집니다. 게다가 어려운 프로그램도 힘들이지 않고 손쉽게 읽을 수 있게 됩니다. 지금은 인터넷에 다양한 프로그램이 공개되어 있어 프로그램을 읽는 연습을 할 소재가 많습니다. 그중에는 읽기 쉬운 프로그램도 있고, 읽기 어려운 프로그램도 있습니다. 읽기 쉬운 코드와 읽기 어려운 코드의 차이를 반복해서 경험하다 보면 그것이 축적되어 여러분이 프로그램을 작성할 때 반드시 도움이 될 것입니다.

"이 사람은 읽기 쉽고 좋은 코드를 작성하는구나"

그런 말을 듣고 싶다면 프로그램을 읽는 것이 많은 도움이 됩니다.

여기에 한 가지 더 중요한 장점이 있는데, 바로 프로그램의 동작을 알 수 있다는 점입니다. 이 책에서는 주로 파이썬(Python) 프로그램을 다루고 있습니다. 파이썬에서는 파이썬 본래의 기능이나 자주 사용되는 라이브러리도 파이썬 프로그램으로 제공됩니다. 즉, 파이썬을 사용한다면 이러한 프로그램을 직접 다룰 수 있습니다.

물론 파이썬이나 그 주변 프로그램은 공식 문서가 잘 정리되어 있고, 다양한 기사나 책도 많이 나와 있습니다. 그럼에도 '이 모듈을 사용하려면 어떻게 코딩해야 할까?'라는 고민이 생기기도 합니다. 인터넷을 검색해도 내가 알고 싶은 것을 바로 찾는다는 보장은 없습니다. 이럴 때는 프로그램 자체를 직접 살펴보는 것이 도움이 됩니다. 설명서만으로는 알 수 없었던 것, 실제로 이런 동작을 한다는 것을 발견할 수도 있습니다. 그럴 때도 이 책에서 배운 프로그램을 읽는 방법을 활용해 주세요.

### 프로그래밍을 지도하는 분에게

이 책을 손에 들고 있는 분 중에는 후배에게 프로그램을 지도하는 입장에 있는 분도 있을 거라 생각합니다. 자신이 체득한 '프로그램을 읽는 방법'을 이 책에 쓰인 읽는 방법과 비교해 확인하고, 기술을 점검하고, 말로 표현하는 데 도움이 되기를 바랍니다. 이러한 확인은 프로그램을 읽는 방법을 가르칠 때 도움이 됩니다. 나아가 자신만의 읽는 방법을 이론으로 만드는 데 도움이 된다면 저 또한 기쁠 것 같습니다.

memo

2장

# 다른 사람의 프로그램을 읽는 것이 어려운 이유

1장에서는 프로그램을 읽을 줄 알아야 하는 이유에 대해 설명했습니다. 특히 프로그래밍을 시작한 지 얼마 되지 않은 분들이라면 프로그래밍이란 새로 코드를 써서 작성하는 일이라고 인식하기 쉽습니다. 그런 분들도 프로그램을 작성하는 것만큼 읽는 것이 중요함을 이해했으리라 생각합니다.

읽는 방법쯤은 이미 다 알고 있다고 말하는 사람도 있을 것입니다. 하지만 애플리케이션 개발 업무에 종사하는 사람이라면 이미 다른 사람의 프로그램을 본 경험이 있을 테고, 분명 다른 사람의 프로그램을 읽는 일의 어려움을 알고 있을 것입니다.

그래서 이번 장에서는 실제 프로그램을 조금 살펴볼까 합니다. 프로그램을 읽기가 결코 쉽지 않음을 알게 될 것입니다. 저도 동료가 만든 프로그램이나 인터넷에서 찾은 프로그램 등을 읽을 때 매우 힘들었던 적이 있습니다. 앞으로도 프로그래머로 일하는 동안 프로그램을 읽는 어려움은 계속될 것입니다.

하지만 프로그램을 읽기 어려운 데에는 이유가 있습니다. 무작정 프로그램을 읽기 전에 먼저 다른 사람의 프로그램을 읽기 어려운 이유를 이해해 봅시다. 이를 의식하다 보면 실제로 프로그램을 읽을 때 어디에 주의하면 좋을지 보입니다.

CODE READING

## 2.1 다른 사람의 프로그램이 읽기 어려운 7가지 요인

다른 사람의 프로그램을 읽기 어려운 것은 그 프로그램을 작성한 사람과 읽는 사람의 생각이나 주목하는 부분, 의식에 차이가 있기 때문입니다. 어떤 부분에서 그런 차이가 생기는지 정리해 보니 7가지 요인이 있다는 것을 알게 되었습니다.

1. 설계할 때 생각하는 방법의 차이
2. 프로그램 작성에 사용한 언어의 차이
3. 함수를 만드는 방법의 차이
4. 함수명, 변수명을 짓는 방법의 차이
5. 주석을 작성하는 방법의 차이
6. 입력과 출력을 생각하는 방법의 차이
7. 수준의 차이

이렇게 7가지입니다. 그럼 각각을 살펴봅시다. 이미 읽기 어려운 프로그램으로 고생해 본 경험이 있는 분들은 공감하는 부분이 많을 것입니다.

## 1. 설계할 때 생각하는 방법의 차이

여기서 말하는 설계란 기능을 프로그램에 구현할 때의 설계입니다. 일반적으로 '상세 설계'라고 하는 단계의 설계라고 생각해 주세요.

설계 단계에서 코드의 가독성이 떨어지는 예로, 처리 내용을 어떤 순서로 작성하느냐에 따라 읽기 난이도가 달라지는 경우를 보겠습니다.

여러분은 프로그램을 만들 때 어떻게 하나요? 보통 '처음에 무엇을 하고, 다음에 무엇을 하고, 마지막으로 무엇을 하면 완성이다.'라고 생각하고 나서 프로그램의 큰 구조를 만듭니다.

이것이 상세 설계입니다. 작은 프로그램이라면 문서를 만들지 않는 경우도 많지만, 그래도 설계 단계로써 이렇게 생각을 정리하고 나서 코드를 작성합니다. 이런 프로그램 설계에 대해 읽는 사람과 작성하는 사람의 생각하는 방법이 다르면 읽기 어려워집니다.

단순한 프로그램을 예로 들어 보겠습니다. 세 가지 처리를 하는 프로그램을 만들려고 합니다. 여기서는 처리 A, 처리 B, 처리 C라고 부르겠습니다. 사실 처리 A와 처리 B는 어느 쪽을 먼저 실행해도 상관없습니다. 각각의 결과를 바탕으로 처리 C를 실행하는 프로그램을 만듭니다.

▼ 그림 2-1 처리 A와 처리 B의 결과를 처리 C에서 이용하는 프로그램 구조

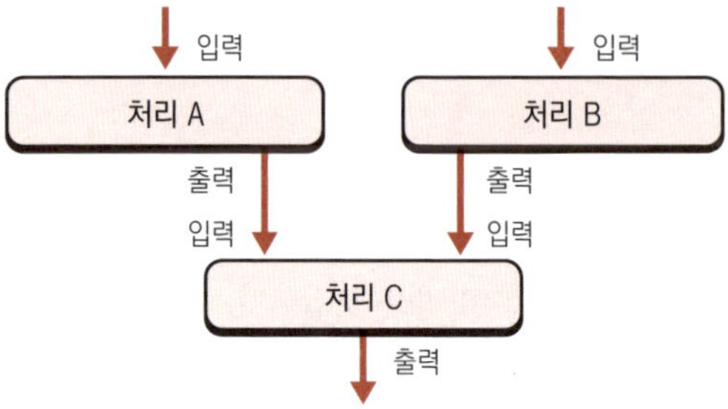


이때 처리 A와 처리 B는 어느 쪽이 먼저라도 상관없으므로 프로그램을 작성하는 순서는 다음의 어느 하나가 됩니다.

▼ 그림 2-2 두 패턴으로 생각할 수 있는 프로그램의 구조

처리 A와 처리 B를 처리하는 순서가 다르더라도 구현할 수 있으므로 패턴 1이나 패턴 2, 어느 것이든 좋습니다. 그렇지만 자신의 생각에 따라 이런 프로그램

을 작성할 때 A → B → C의 순서로 처리해야 한다고 생각하는 사람이라면, 다른 사람의 프로그램을 읽을 때도 그 순서에 따라 흘러가리라고 지레짐작해 버립니다. 따라서 B → A → C 순으로 작성된 프로그램을 보면 당황하게 됩니다.

이처럼 처리하는 내용이 세 가지인 프로그램이라면 어쩌면 그 부분은 큰 어려움 없이 대처할 수 있을지도 모릅니다. 하지만 처리하는 내용이 더 많은 애플리케이션에서는 읽는 쪽이 예상하지 못한 설계 방식이나 발상으로 작성된 프로그램은 매우 난해해집니다.

## 2. 프로그램 작성에 사용한 언어의 차이

여러 프로그래밍 언어를 익혀 어느 것이든 능숙하게 쓰고 싶어하는 사람도 있겠지만, 실제로는 그렇게 되기 어렵습니다. 특히 경험이 적은 사람일수록 어떤 프로그래밍 언어를 최초로 배웠는지, 기초가 되는 프로그래밍 언어가 무엇인지에 따라 잘하는 언어와 그 외의 언어로 명확하게 나뉩니다. 이런 프로그래밍 언어의 차이 때문에 프로그램이 읽기 어려워질 수도 있습니다.

예를 들어 프로그래밍 입문서에서 많이 다루는 'Hello, World!'를 출력하는 프로그램을 생각해 봅시다. 예를 들어 C 언어의 경우 다음과 같습니다.

**코드 2-1 Hello, World!를 출력하는 C 언어 프로그램**

```
#include <stdio.h>


int main() {
    printf("Hello, World!\n");
    return 0;
}
```

한편, 파이썬이라면 이렇게 씁니다.

코드 2-2 Hello, World!를 출력하는 파이썬 프로그램

```
print("Hello, World!")
```

C 언어는 메인 함수를 만들고 그 안에 처리 코드를 작성해야 합니다. 예를 들어 변수를 사용할 때는 선언이 필요합니다. 숫자형은 파이썬이라면 정수형과 부동 소수점형 두 가지가 있지만, C 언어는 훨씬 더 다양하며 이를 구분해 사용해야 합니다. 한편, 파이썬에서는 그러한 구문을 따를 필요 없이 필요한 코드를 직접 작성할 수 있습니다. 파이썬으로 프로그래밍을 시작한 사람에게 C 언어는 무척 번거롭게 느껴질 수도 있습니다.

만약 C 언어에 익숙한 사람이 파이썬으로 동일한 프로그램을 만든다면 코드를 다음처럼 구현할 수도 있습니다.

코드 2-3 C 언어에 익숙한 사람이 작성한 Hello, World!를 출력하는 파이썬 프로그램

```
def main():
    print("Hello, World!")


main()
```

만약 파이썬밖에 모르는 사람이 이 코드를 본다면, 처리 내용을 해석하기 전에 '왜 이런 걸 하는 거야?'라는 의문에 사로잡힐지도 모릅니다. 이 정도의 프로그램이라면 그래도 해석하겠지만, 좀 더 긴 프로그램이라면 프로그래밍 언어에 따라 읽기 어려워집니다.

이처럼 프로그램을 읽는 사람이 알고 있는 프로그래밍 언어 또는 최초에 배운 프로그래밍 언어의 차이에 따라 프로그램이 읽기 어렵게 느껴질 수 있습니다.

## 3. 함수를 만드는 방법의 차이

함수를 만드는 방식은 사람마다 다르다 보니 프로그램의 가독성을 떨어뜨리기도 합니다.

여러분은 보통 함수를 몇 줄로 만드나요?

저는 50줄 정도로 함수를 만듭니다. 코드를 작성하다가 50줄이 넘으면 함수를 나눠야겠다고 생각합니다. 이전에 일했던 회사에서는 100줄 정도가 되면 함수를 만들라고 배웠습니다. C 언어로 시스템 개발을 하던 때의 이야기입니다.

이러한 기준에 대해 인터넷으로 검색해 보면 20줄 정도, 한 화면에 들어갈 정도, 처리에 비추어 타당하다면 1,000줄이 되어도 괜찮다 등 다양한 의견이 있습니다. 이렇게 함수를 만드는 방법은 사람마다 다릅니다. 다르다는 것은 다른 만큼 해석하기가 어려워진다는 뜻입니다.

함수를 사용하지 않는 프로그램은 거의 없습니다. 그러므로 프로그램을 읽을 때 반드시 함수를 해석할 줄 알아야 합니다. 그 함수를 더 정확하고 상세히 읽기 위해서라도 애초에 왜 함수를 만들었는지, 그 목적을 정리하기를 추천합니다.

함수의 목적 중 하나는 같은 기능을 가진 처리를 재사용하는 것입니다. 같은 처리를 하는 곳을 함수로 만듦으로써 프로그램 전체 분량을 짧게 줄일 수 있습니다. 또 테스트도 간단하게 할 수 있어, 혹시라도 예상하지 못하게 동작했을 때 어디에 문제가 있는지 쉽게 알 수 있고 수정의 번거로움도 줄일 수 있습니다.

재사용할 필요가 없더라도 기능별로 코드를 나누기 위해 함수를 사용하기도 합니다. 이렇게 작성한 프로그램에서는 함수로 정리된 처리를 하나의 기능으로 읽을 수 있어, 산만하게 작성된 코드를 한 줄씩 읽을 필요가 없습니다. 결과적으로 읽기 쉬운 프로그램이 되어 전체를 이해하기도 쉬워집니다.

프로그램을 읽을 때 함수가 나오면 어떤 목적으로 사용되었는지, 프로그래머의 의도를 생각하면서 읽어야 합니다. 또한 같은 목적으로 처리를 함수화하더라도 프로그래머에 따라 함수에 대한 생각이나 만드는 방법이 다릅니다. 자신의 생각과 비슷한 사람이 작성한 프로그램이라면 읽기 쉽겠지만, 그렇지 않은 경우 다른 사람의 프로그램은 읽기 매우 어려울 수 있습니다.

## 같은 목적이더라도 함수 구현 방식은 다르다

실제로 간단한 프로그램을 살펴보겠습니다. 가위바위보 프로그램을 예로 들어 보겠습니다. 여러분은 어떤 프로그램을 상상하고 있나요?

저는 가위바위보 결과를 표시하는 함수를 다음과 같이 썼습니다.

**코드 2-4 가위바위보 결과를 표시하는 함수(버전 1)**

```
# 인수: hand1 가위바위보를 하는 손의 "가위", "바위", "보" 중 하나의 문자열
#       hand2 가위바위보를 하는 손의 "가위", "바위", "보" 중 하나의 문자열
# 반환 값: 없음
# 내용: 가위바위보를 하는 손을 비교해서, hand1의 관점에서 결과를 표시한다


def show_result(hand1, hand2):
    if hand1 == "가위" and hand2 == "보":
        print("승리")
    elif hand1 == "바위" and hand2 =="가위":
        print("승리")
    elif hand1 == "보" and hand2 =="바위":
        print("승리")
    elif hand1 == "가위" and hand2 == "바위":
        print("패배")
    elif hand1 == "바위" and hand2 =="보":
        print("패배")
    elif hand1 == "보" and hand2 =="가위":
        print("패배")
    else:
        print("비김")
        draw = True


    print(" ")
```

여러분은 이 코드를 어떻게 읽었나요? 읽기 쉬웠나요?

물론 이 코드만이 가위바위보 함수를 구현하는 유일한 방법은 아닙니다. 다른 방식으로도 생각해 보았습니다.

**코드 2-5 가위바위보 결과를 표시하는 함수(버전 2)**

```
def get_result(hand1, hand2):
    result = 0
    if hand1 == hand2:
        result = 2
    elif hand1 == "가위" and hand2 =="바위":
        result = 1
    elif hand1 == "바위" and hand2 =="보":
        result = 1
    elif hand1 == "보" and hand2 =="가위":
        result = 1
    else:
        result = 0

    return result


# 인수: hand1 가위바위보를 하는 손의 "가위", "바위", "보" 중 하나의 문자열
#       hand2 가위바위보를 하는 손의 "가위", "바위", "보" 중 하나의 문자열
# 반환 값: 없음
# 내용: 가위바위보를 하는 손을 비교해 hand1의 관점에서 결과를 표시한다


def show_result(hand1, hand2):
    results = ["승리", "패배", "비김"]
    print(results[get_result(hand1, hand2)])
```

코드 2-4의 함수는 가위바위보라는 프로세스 안에서 양쪽의 손을 입력해 어느 쪽이 이겼는지를 판정하고 그 결과를 표시하는 것까지의 흐름을 하나의 함수로 정리하고 있습니다. 말하자면 가위바위보 승패 판정과 결과 표시라는 두 가지 기능을 하나의 함수로 구현했습니다. 한편 코드 2-5는 승패를 판정하는 기능과 그 결과를 표시하는 기능을 나누어 각각 개별 함수로 만들었습니다.

어느 쪽이 좀 더 바람직하냐면 단일 책임의 원칙을 고려했을 때 함수를 나누는 편이 바람직하다고 할 수 있습니다. 그렇지만 많은 프로그래머가 그러한 원칙에 따라 코딩했다고 해도, 구현할 때의 생각은 사람마다 다르고, 실제로는 상황에 따라 판단이 바뀌기 때문에, 일률적으로 말할 수 없습니다. 중요한 것은 프로그래머가 어떻게 생각하고 설계했느냐에 따라 구현이 달라진다는 점입니다. 읽는 사람이 '이렇게 만들어지겠지'라고 짐작할 수 있는 범위를 벗어나 버리면 그 프로그램을 읽기가 어려워집니다.

**단일 책임의 원칙**

함수를 만들 때 생각하는 방법의 기본으로 '단일 책임의 원칙'이 있습니다. 함수에 부여하는 역할과 책임을 하나로 한정해야 한다는 원칙입니다. 이러한 원칙이 있지만, 그 해석은 프로그래머에 따라 달라지므로 함수를 만드는 방법도 달라지게 됩니다.

## 4. 함수명, 변수명을 짓는 방법의 차이

프로그램을 작성한 사람과 읽는 사람은 생각하는 방법에 있어 차이가 생기기 마련입니다. 이번에는 프로그램을 작성한 사람과 읽는 사람의 해석이 엇갈리기 쉬운 포인트를 소개하겠습니다. 바로 함수명을 짓는 방법입니다. 변수명도 마찬가지입니다. 여러분은 함수나 변수에 이름을 지을 때 어떻게 하나요?

파이썬의 경우, PEP8이라는 스타일 가이드가 있으며, 일반적으로 이를 따릅니다. PEP이란 Python Enhancement Proposals의 약자입니다. PEP8이라는 웹사이트에서 자세한 내용을 확인할 수 있습니다(https://pep8-ja.readthedocs.io/ja/latest/). 꼭 한 번 보길 바랍니다.

그중 명명 규칙(Naming Conventions)이라는 항목이 있는데, 파이썬 프로그램에서 이름을 붙여야 할 때 어떤 기준에 따라야 할지 상세하게 정리되어 있습니다.

함수와 변수에 대해서는 '모두 소문자로 해야 한다'라고 되어 있습니다. 이름을 읽기 쉽게 만들려면 언더스코어(_)로 구분해야 한다고도 합니다.

이에 따르면 예를 들어 함수라면 my_function, 변수라면 my_variable이라는 이름을 붙이면 됩니다.

이 경우에는 두 단어를 언더스코어로 연결하고 있습니다. 3개 이상의 단어를 사용하고 싶은 경우는 다음처럼 씁니다.

```
word1_word2_word3
```

이런 원칙이 있지만 무언가를 표현하기 위해 어떤 단어를 사용할지는 프로그래머에 따라 다릅니다.

예를 들어 코드 2-5에서는 가위바위보의 결과를 표시하는 함수를 show_result로 명명했습니다. 결과를 표시하기 때문에 result와 show를 선택해 영문의 어순으로 늘어놓고 언더스코어로 구분지었습니다. 하지만 결과와 표시를 나타내는 단어라면 result와 show뿐만 아니라 다른 선택지도 있습니다.

- 결과: result, outcome, gyeolgwa 등
- 표시: show, display, pyosi 등

이 때문에 코드 2-5로 가위바위보 결과를 표시하는 함수는 다음과 같이 쓸 수도 있습니다.

**코드 2-6 가위바위보 함수(버전2)에서 함수명을 붙이는 방법을 바꾼 경우(22번째 줄 이후)**

```
23 def gyeolgwa_pyosi(hand1, hand2):
24     gyeolgwa = ["승리", "패배", "비김"]
25     print(gyeolgwa[get_result(hand1, hand2)])
```

'이런 기능에는 이런 함수명'이라는 나름의 기준을 가진 사람이 다른 프로그램을 볼 때, show_result에 익숙하다면 gyeolgwa_pyosi라는 함수명은 낯설게 느껴질 수 있습니다. 이는 프로그램을 읽을 때 분명 스트레스가 됩니다. 이 정도의 명명 차이라면 대부분 프로그램을 이해할 수 있겠지만, 큰 프로그램에서 많

은 함수를 읽어야 하는 경우에는 확실히 효율이 떨어집니다. 이렇게 이름 짓는 방법의 차이 때문에 다른 사람이 작성한 프로그램은 읽기 어려워집니다.

실제로 제가 경험한 이해하기 어려운 이름에는 다음과 같은 것이 있었습니다.

- 임시로 붙인 함수명을 그대로 사용함
- 함수의 내용을 수정했는데도 함수 이름은 수정 전의 이름 그대로 사용함
- 처리 내용과 일치하지 않는 단어를 함수명에 사용함

개발 프로젝트 진행이 늦어지고 여유가 없어지면 아무래도 이름 짓는 데에 신경을 쓰기 어려워집니다. 이름을 봐도 처리 내용을 알 수 없는 함수라든가, 처리 내용이 이름과 일치하지 않는 함수도 적지 않습니다.

단순히 이름으로 감이 오지 않는다는 것도 문제이지만, 무엇보다 함수명과 처리 내용이 일치하지 않으면 읽기가 매우 어려워집니다. 그런 프로그램이 실제로도 많습니다.

### 변수 hoge

지금은 프로젝트별로 명명 규칙이 정하는 경우도 많아졌지만, 제가 시스템 개발 일을 시작할 무렵에는 임시 변수명으로 hoge[1]를 사용하는 사람이 있었습니다. 코딩 중에 변수명을 정하지 못하고 일단 프로그램을 진행할 때 지은 이름인 것 같습니다. hoge의 다음 변수는 hogehoge라든가, fuga라든가 하는 식입니다. 나중에 수정하려고 했을 것입니다. 하지만 hoge라는 변수명이 그대로 남아 있던 적도 있었습니다. 그렇게 되면 본인조차 나중에 읽을 때 무엇을 위한 변수인지 몰라서 고생할 수 있습니다.

자신이 작성한 프로그램을 스스로 읽을 수 없다는 게 우스갯소리 같지만, 의외로 이런 경우가 있습니다. 명명은 무심코 가볍게 생각하기 쉽지만, 이름을 대충 지으면 프로그램을 읽기 어려워진다는 데 유의해 주세요.

1 역주 hoge라는 변수명은 일본에서 많이 쓰는 변수명입니다. 소스 코드에서 hoge가 보인다면 일본에서 작성된 코드일 가능성이 높습니다. 다른 나라에서는 foo, bar, foobar 등을 많이 쓰기도 합니다.

## 5. 주석을 사용하는 방법의 차이

대부분의 프로그래밍 언어는 주석을 넣을 수 있습니다. 주석은 실행되지 않는 코드입니다. 따라서 표기법을 지킨다면 프로그램 어디든 어떤 내용이더라도 자유롭게 작성할 수 있습니다. 여러분은 프로그램을 작성할 때 어디에 어떤 내용으로 주석을 넣고 있나요?

프로그래머가 주석을 사용하는 목적을 생각해 봅시다. 여기에서는 다음 세 가지에 대해 생각해 보겠습니다. ① 프로그램을 읽기 쉽게 하기 위해, ② 나중에 수정할 부분을 표시하기 위해, ③ 프로그램의 변경 기록을 남기기 위해, 거의 이 세 가지로 묶어 볼 수 있지 않을까요?

좀 더 자세히 살펴봅시다.

먼저 ① **프로그램을 읽기 쉽게 하기 위한 주석**을 생각해 보겠습니다. 이 경우, 프로그램 설계에 대한 설명이나 복잡한 처리 순서 등을 주석으로 씁니다. 함수나 변수를 기술하는 곳에서 각각을 정의하는 목적 등을 주석으로 작성하는 경우도 많습니다.

이런 주석을 적절하게 사용한다면 나중에 프로그램을 읽을 때 이해하기 어려운 부분을 읽는 데 도움이 됩니다. 사양서를 보지 않아도 프로그램을 작성한 사람이 생각한 설계를 알 수 있습니다.

② **나중에 수정해야 할 부분을 표시하기 위한 주석**은 개발 시점에서 어떠한 이유로 최선의 코딩을 할 수 없을 때 넣는 주석입니다. 시간이 있었더라면 좀 더 간단한 처리 절차를 생각하거나 깔끔하게 작성할 수 없는지 등을 검토할 수 있는데, 아쉽게도 그 수준까지 닿지 않았을 때 이런 주석이 들어갑니다.

이때 수정하는 편이 좋은 이유나 어떻게 수정하면 좋을지가 작성되어 있으면 나중에 코드를 수정할 때 주석의 내용을 참고하여 해당 부분을 수정하기 쉬울 것입니다.

③ **프로그램의 변경 기록을 남기기 위한 주석**은 프로그램의 버전업이나 수정 시 수정한 부분을 보여 주고, 이와 동시에 어떻게 수정했는지도 기록한 것입니다.

변경한 일시나 이유 등을 알기 쉽게 기록하면 어떠한 이유로 문제가 발생했을 때 조사하기 쉽다는 장점이 있습니다.

주석을 남기는 목적은 이렇게 정리할 수 있지만, 실제 프로그램에 기술된 주석은 프로그래머마다 다르고 다양합니다. 짧은 문장으로 간결하게 작성하는 사람도 있고, 세부적으로 자세하게 작성하는 사람도 있습니다. 주석을 여러 곳에 작성하는 사람도 있고, 중요한 곳에만 요약해 작성하는 사람도 있습니다. 주석을 거의 남기지 않는 사람도 있습니다.

이렇게 어디에 어떻게 쓸지, 주석에 관한 생각이 사람마다 다르므로 다른 사람이 작성한 프로그램을 읽기 어려워집니다. 주석이 있을 줄 알았는데 프로그램을 읽다가 주석이 없으면 프로그램을 이해하는 데 예상보다 오랜 시간이 걸립니다. 이와 반대로 별로 필요하지 않은 곳에 주석이 많이 달려 있으면 그것 때문에 원활하게 코드를 읽을 수 없고 답답할 수도 있습니다. 본인이 읽을 때는 불필요해도, 남이 읽을 때는 유용한 주석도 있습니다.

제가 참여한 프로젝트에서는 함수 사양을 주석으로 작성해야 한다는 규칙이 있었습니다. 함수명이나 인수, 반환 값, 처리 내용 등을 주석으로 적어야 했습니다. 주석을 작성한 날짜, 작성한 사람, 변경 이력도 써야 합니다. 예를 들면 다음과 같은 주석입니다.

**코드 2-7 show_result 함수에 넣은 주석**

```
# 함수명  : show_result
# 인수    : hand1 가위바위보의 손. 가위, 바위, 보 중 하나의 문자열
#           hand2 가위바위보의 손. 가위, 바위, 보 중 하나의 문자열
# 반환 값 : 없음
# 내용    : 가위바위보의 손을 비교해 hand1의 관점에서 결과를 표시한다.
# 20240515 H.Iwamatsu
# 변경 20240708 H.Iwamatsu
#      결과의 판정 함수 get_result를 호출하도록 수정
```

이렇게 남겨 두면 프로그램의 주석으로서 충분하며 프로젝트의 다른 팀원들이 이 코드를 보면 show_result 함수를 어떻게 읽어야 할지 알 수 있을 것입니다. 하지만 실제로는 이런 주석만 있는 것은 아닙니다.

제 경험으로는 다음과 같은 경우도 있었습니다.

- 주석이 규칙대로 작성되지 않는다.
- 주석이 프로그램의 처리 절차나 처리 내용과 일치하지 않는다.
- 프로그램이 수정되었지만 주석은 수정되지 않았다.

이럴 경우에는 코드도 해석해야 하고 주석도 따로 해석해야 합니다. 주석이 처리 내용을 보여 주지 않거나, 수정한 내용이 반영되어 있지 않으면 주석이 맞는지를 생각해야 하므로 읽는 사람은 혼란스러워집니다.

마감 일정이 다가오거나, 개발이 늦어져 여유가 없을 때 프로그램에서 이런 주석을 흔히 볼 수 있습니다. 아무래도 주석 내용이 엉터리가 돼 버리는 경우가 많은 듯합니다.

주석을 자동으로 생성하는 도구도 있는데, 주석을 직접 작성하기가 귀찮아 이러한 도구를 사용해 주석을 만들기도 합니다. 이렇게 되면 무엇 때문에 주석을 쓰느냐 하는 목적은 어디론가 사라지고 주석을 작성하는 것 자체가 목적이 돼 버립니다. 유감스럽게도 그렇게 만든 주석은 대부분 알기 어렵고, 프로그램도 읽기 힘들어집니다.

## 6. 입력과 출력을 생각하는 방법의 차이

프로그램에는 반드시 입력과 출력이 있습니다. 입력은 프로그램에 데이터를 주는 것입니다. 키보드나 마우스로 입력하기도 하고, 파일이나 데이터베이스로 데이터를 받기도 합니다. 인터넷에서 데이터를 가져오는 프로그램도 있습니다.

출력은 프로그램이 실행한 결과, 혹은 오류 정보 등을 실행한 사람에게 보여 주는 것입니다. 프로그램의 최종 결과가 아니라 중간 과정을 출력할 때도 있습니다. 프로그램 자체가 나중에 사용하기 위해 처리 결과를 출력하는 경우도 있습니다. 출력은 표준 출력 및 파일에 쓰기, 데이터베이스에 추가하거나 갱신하기, 변수에 저장하기 등이 있습니다.

이러한 입력이나 출력을 어떻게 프로그램 내에서 기술할지에 대해서도 프로그래머에 따라 생각이 다릅니다. 그래서 프로그램을 작성하는 사람의 의도와 읽는 사람의 해석이 달라집니다.

이 장에서 다룬 가위바위보의 함수는 가위바위보 프로그램 내에서 정의하는 함수라는 가정이었습니다. 가위바위보 프로그램을 실행하면 어느 단계에서 플레이어가 자신의 손을 선택합니다. 이것이 프로그램에 대한 입력입니다. 여기서는 표준 입력인 키보드에서 가위, 바위, 보 중 하나를 입력한다고 합시다. 여기서 여러분들이 프로그램을 작성할 때 어떤 입력을 받으려고 할까요? 예를 들어 다음을 생각할 수 있습니다.

- 1을 가위, 2를 바위, 3을 보로 설정해 숫자를 입력 받는다.
- “가위”, “바위”, “보” 중 하나의 문자열을 입력 받는다.

숫자로 입력한다면 플레이어는 입력하기 쉬워집니다. 반면 프로그램을 읽을 때는 승패를 판정하는 처리 부분에서 ‘1이 무엇이었지? 2가 가위였나?’ 이렇게 생각해야 합니다. 그것이 읽기 어려워지는 요소라는 것은 예상할 수 있습니다.

한편으로 가위, 바위, 보 중에서 하나를 문자열로 입력해야 한다면 플레이어에게는 귀찮은 일입니다. 하지만 프로그램 내에서 가위, 바위, 보라고 표현한다면 프로그램을 읽을 때는 이해하기 쉬워집니다.

이 외에도 구현 방법은 여러 가지가 있습니다. 모두 장점이 있고 단점이 있습니다. 프로그램을 작성하는 사람이 무엇을 우선으로, 어떤 입력을 선택하느냐에 따라 프로그램은 달라집니다. 읽는 사람에게는 자신이 예상한 범위의 입력이면 읽기 쉽고, 예상 밖의 구현이라면 읽기 어려워집니다.

출력도 같습니다. 예를 들어 오류가 발생했을 때 상세한 정보를 출력하도록 했다고 칩시다. 그 출력에 표준 출력을 선택할지, 파일 출력을 선택할지를 결정해야 합니다.

표준 출력을 선택하면 프로그램을 실행한 사람이 즉시 오류 내용을 확인할 수 있습니다. 파일 출력을 선택하면 로그 파일과 같은 형태로 오류 이력을 남길 수 있습니다.

이것도 역시 두 방법 모두 장단점이 있습니다. 프로그램을 작성하는 사람이 어떤 출력 방법을 선택하느냐에 따라 프로그램은 달라집니다. 자신이 상상한 출력이라면 어디에 출력이 기술되어 있고, 어떤 코드로 되어 있는지 이해하기 쉬울 것입니다. 자신의 예상과 다른 출력으로 작성된 프로그램이라면 이해하기 어려울 것입니다.

## 7. 수준의 차이

수준 차이로 프로그램이 읽기 어려워진다는 말은 읽는 쪽이 초보자라서 읽을 수 없다는 단순한 이야기가 아닙니다.

제가 겪은 일을 예로 들겠습니다. 25년 전, 제가 다니던 회사에는 굉장히 실력이 뛰어난 선배가 있었습니다. 그 선배는 취미로 에디터를 만들어 공개할 정도로 실력이 있었고, 아주 깔끔하게 프로그램을 작성하는 사람이었습니다.

하지만 저는 그 선배가 작성한 깔끔한 프로그램을 읽을 수 없었습니다. 당시 주로 개발하고 있던 것은 윈도우 프로그램이었는데, 멀티 스레드, 이벤트 드리븐 등 여러 기술 요소가 중시되는 프로그램이었습니다. 선배만큼 실력이 뛰어나지 않았던 저는 중간부터 선배의 프로그램을 쫓아갈 수 없게 되었습니다. 한 줄씩 정성껏 처리를 따라가며 프로그램을 읽어 나갔는데, 어떤 줄을 읽었더니 다음에 어떤 줄을 읽어야 할지 알 수 없게 되어 버렸습니다. 그 이유는, 그 앞에 콜백 함수라는 형식으로 작성된 함수를 호출하고 다음 처리로 진행되고 있었기 때문이었습니다. 결국 저는 콜백 함수를 몰라서 처리를 쫓아갈 수 없게 되어 버렸습니다. 그때 저는 어느 정도 C 언어 프로그램을 읽고 쓸 수 있었지만, 콜백 함수는 상당히 고급 수준의 코딩 기법이어서 저는 아직 그런 수준에 도달하지 못한 상태였습니다.

이것은 결코 옛날에만 있었던 이야기가 아니라 지금도 일어날 수 있는 일입니다. 윈도우 프로그래밍뿐만 아니라 파이썬을 비롯해 요즘 쓰는 대부분의 프로그래밍에서도 발생합니다. 예를 들어 파이썬에는 람다식 함수가 있습니다. 이것은 def문을 사용해 함수를 정의하지 않고 함수를 만드는 방법입니다.

예를 들어 숫자가 저장된 리스트 numbers가 있다고 합시다. 여기서 각 요소를 2배로 만드는 프로그램에 람다식을 사용하면 다음과 같이 쓸 수 있습니다.

**코드 2-8 람다식을 사용해 리스트의 각 요소를 2배로 만드는 프로그램**

```
numbers = [1, 2, 3, 4, 5]
doubled_numbers = list(map(lambda x: x * 2, numbers))
print(doubled_numbers)
```

람다식 코드를 보고 바로 처리 내용을 몰라도 괜찮습니다. 이 코드를 읽을 수 없어도 신경 쓸 필요는 없습니다. for문을 사용해도 똑같은 결과로 만들 수 있습니다.

**코드 2-9 리스트의 각 요소를 2배로 만드는 프로그램**

```
numbers = [1, 2, 3, 4, 5]
doubled_numbers = []


for number in numbers:
    doubled_numbers.append(number * 2)


print(doubled_numbers)
```

코드 2-8은 몰라도 코드 2-9라면 알 수 있다는 사람이 많을 거라 예상합니다. 저도 C 언어로 꽤 오랫동안 개발했기 때문에 파이썬을 다루기 시작한 지 얼마 되지 않았을 때는 람다식이라는 개념을 접해 본 적이 없었고, 애초에 코드 2-8과 같은 코드는 전혀 읽을 수 없었습니다.

실력이 뛰어난 사람이 작성한 프로그램이라도, 작성하는 방법에 따라서 그 수준에 이르지 않은 사람에게는 읽을 수 없는 프로그램이 되어 버립니다. 람다식은 프로그램을 짧게 작성할 수 있는 것이 장점이지만, 구문을 모르면 읽어도 무엇을 하고 있는지 예상하기가 지극히 어렵습니다. 이러한 기술을 아느냐, 모르냐에 따라 프로그램을 프로그램을 읽을 수 있거나 그렇지 못하게 되어 버립니다.

지금까지 다른 사람이 작성한 프로그램을 읽기 어렵다 또는 무엇을 하는지 모르겠다고 생각한 적이 있을 것입니다. 그렇다면 앞에서 얘기한 원인에서 어느 한 가지 혹은 몇 가지에 해당된 게 아닐까요? 유감스럽게도 읽기 어려운 프로그램은 계속 마주치게 될 것입니다. 하지만 왜 읽기 어려운지 알게 된다면 읽기 어려운 프로그램을 읽어 내는 방법도 알게 됩니다. 다음 장부터는 어떻게 하면 읽기 어려운 프로그램을 쉽게 읽을 수 있는지, 읽는 기술에 대해 알아보려고 합니다.

memo

# 3장

# 입력과 출력을 찾는 것이 요령

이미 개발하는 사람이라면 분명 프로그램을 읽는 일에 몰두해 본 적이 있을 것입니다. 아마 읽기 어려운 프로그램을 어떻게 읽어야 할지 고민해 봤을지도 모릅니다. 앞 장에서 다룬 프로그램이 읽기 어려워지는 원인에 공감하기도 할 것입니다.

한편, 문법을 어느 정도 공부해 이제 스스로 프로그램을 만들고 싶은 사람이라면 본격적으로 다른 사람의 프로그램을 읽게 됩니다. 앞으로 다른 사람이 작성한 프로그램을 읽을 기회가 많아질 것입니다. 예를 들면 '이런 프로그램을 만들고 싶다'고 생각하며 참고가 되는 프로그램을 인터넷에서 검색하는 경우입니다. 이럴 때 읽기 어려운 프로그램에 해당할 가능성이 높습니다.

하지만 괜찮습니다. 프로그램을 읽는 방법에는 요령이 있습니다. 이 장에서는 읽기 어려운 프로그램을 읽는 방법, 읽을 때 생각하는 방법을 알려 드립니다.

## 프로그램의 구조는 입력→처리→출력

프로그램은 어떤 구조로 되어 있나요? 본질적으로 프로그램은 입력 · 처리 · 출력이라는 3단계로 나눌 수 있습니다. 어떤 목적으로 어떤 기능을 가진 프로그램이든 전체적으로 보면 프로그램에 대한 입력이 있고, 그것을 어떠한 처리 과정을 거쳐 출력을 얻는 과정으로 이루어져 있습니다.

조금 더 세밀하게 살펴보면 중간에 있는 처리 부분 또한 입력→처리→출력의 프로세스로 돼 있습니다. 여기서 말하는 처리도, 한 번 더 분해하면 입력→처리→출력이 구성돼 있습니다.

이러한 입력→처리→출력의 반복으로 프로그램은 만들어지며, 최종적으로는 프로그램의 한 줄 안에 각각 입력 · 처리 · 출력이 있습니다.

앞 장에서 생각한 가위바위보 프로그램을 여기서도 생각해 봅시다. 자신이 플레이어가 되어 컴퓨터와 가위바위보로 승부를 보는 프로그램입니다. 이 경우 프로그램 전체의 입력 · 처리 · 출력은 다음과 같습니다.

▼ 그림 3-1 가위바위보 프로그램의 구조

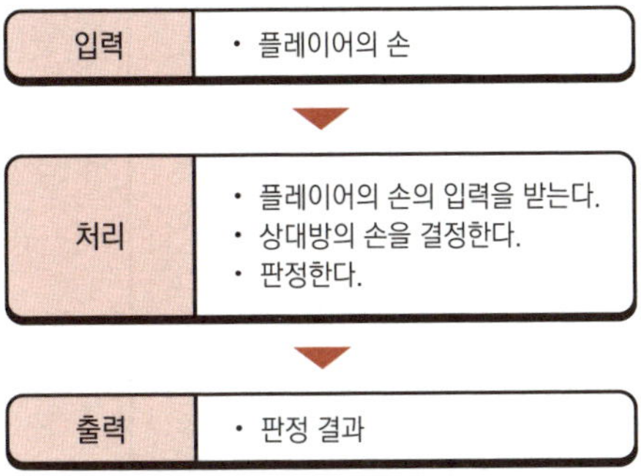


여기서 처리 중 하나인 '플레이어의 손의 입력을 받는다'의 내부도 분해해 봅시다.

▼ 그림 3-2 플레이어의 손을 입력 받는 프로세스

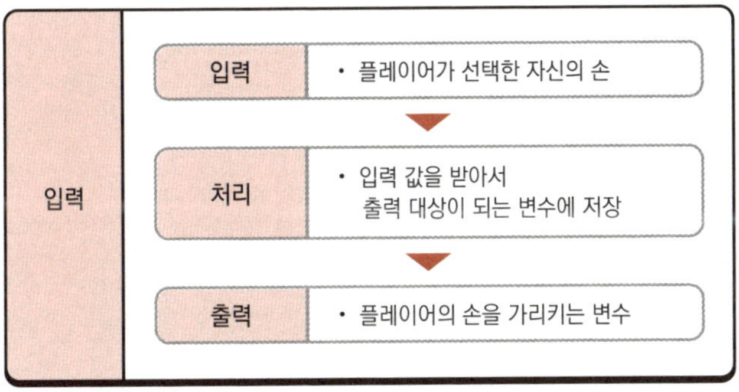


마찬가지로 그림 3-1의 처리에서 다른 항목도 상세하게 살펴보겠습니다. 이 경우 처리는 3단계로 나누어져 있고, 먼저 플레이어의 손을 입력 받은 다음에 컴퓨터의 손을 결정합니다.

▼ 그림 3-3 컴퓨터의 손을 결정하는 처리

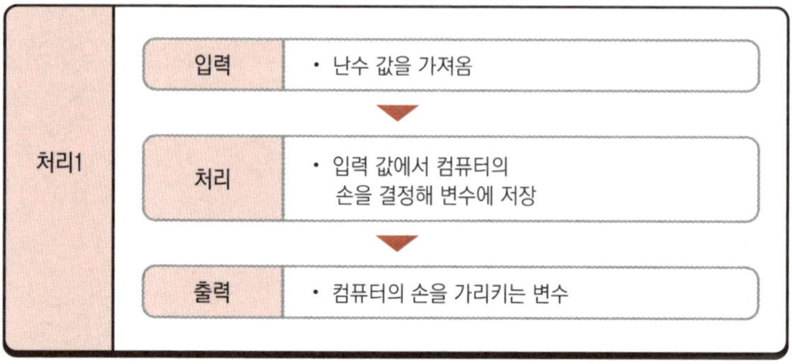


이것으로 플레이어의 손과 컴퓨터의 손을 프로그램에서 다룰 수 있게 되었습니다. 이것이 입력이 되어, 승패를 판정하는 처리로 진행됩니다.

▼ 그림 3-4 승패를 판정하는 처리

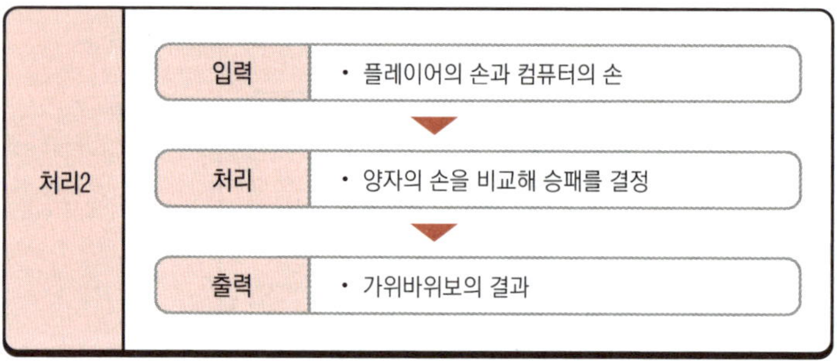


플레이어의 손을 받는 처리의 출력과 컴퓨터의 손을 결정하는 처리의 출력, 즉 플레이어의 손과 컴퓨터의 손을, 승패를 판정하는 처리의 입력으로 사용합니다. 이렇게 입력을 처리해 출력하고, 그 출력을 입력으로 처리하는 식으로 연동해 처리가 진행됩니다.

어느 부분을 보아도 입력이 있고 그것을 처리해 결과를 출력하는 사이클이 있어, 그것을 몇 번이나 반복해 프로그램이 동작한다는 것을 알 수 있습니다.

## 타임카드 관리 프로그램으로 구조 확인

가위바위보처럼 간단한 프로그램이 아닌 실용적인 기능을 가진 프로그램도 살펴보겠습니다. 여기서는 타임카드를 바탕으로 직원들의 출퇴근을 관리하는 프로그램을 생각해 보겠습니다.

타임카드를 도입한 직장에서는, 회사에 출근했을 때와 퇴근할 때 두 번 시각을 기록합니다. 이 프로그램에서는 한 달 동안의 출퇴근 정보를 집계해 근무 시간이나 잔업 시간 등을 계산합니다. 이 프로그램에서 집계한 근무 시간이 급여 계산 등에 사용됩니다. 급여 계산 프로그램의 입력이 되는 것입니다.

이전에는 직원 각각에게 종이 카드를 배부하고 출근 시, 퇴근 시에 전용 레코더에 카드를 넣어 기록하고, 월말에 그것을 수작업으로 집계했습니다. 현재는 IC 카드를 사용하거나 태블릿에 탭하거나 하는 방법으로 바뀌고 있습니다. 방법이야 어떻든 직원마다 매일 출근 시각, 퇴근 시각을 관리하는 것에는 변함이 없습니다.

이것을 프로그램에 구현할 때 입력 · 처리 · 출력이 어떻게 될지 생각해 봅시다.

**그림 3-5 출퇴근 관리 프로그램의 주요 입력 · 처리 · 출력**

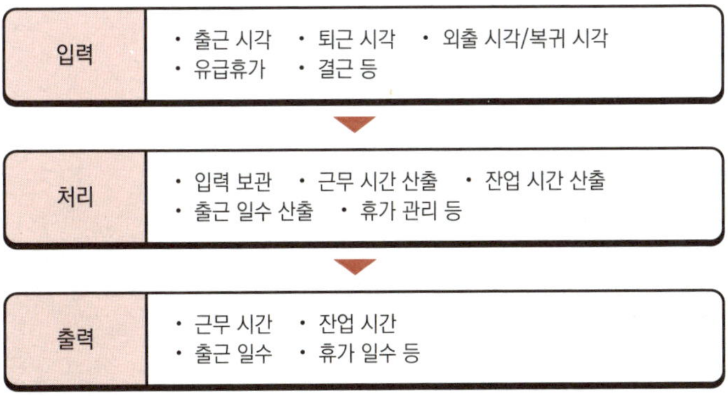


이 중에서 처리 부분을 자세히 살펴보겠습니다. 처리 부분 안에서도 다시 입력 · 처리 · 출력으로 나눠 보겠습니다. 그림 3-5에서 본 처리는 크게 두 단계로 나눌 수 있습니다.

1. 시각 정보를 출퇴근 정보로 기록하는 처리
2. 기록한 출퇴근 정보를 집계하는 처리

각각에 대해 입력 · 처리 · 출력으로 분해해 봅시다. 먼저 시각 정보를 출퇴근 정보로 기록하는 **1**의 처리입니다.

**그림 3-6** 시각 정보를 출퇴근 정보로 기록하는 처리

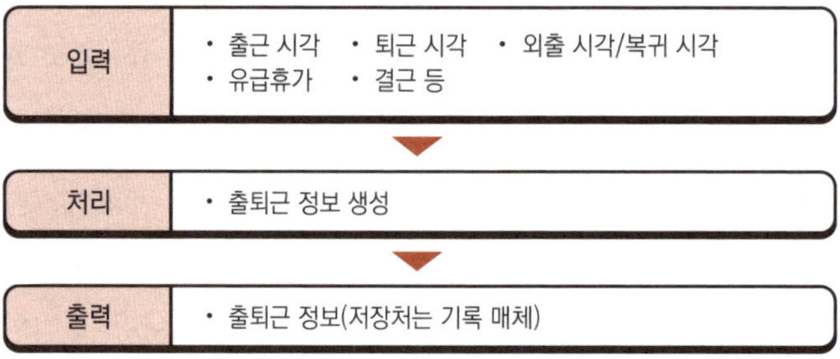


이 처리로 출력한 출퇴근 정보가 기록한 출퇴근 정보를 집계하는 **2**의 처리 입력이 됩니다.

**그림 3-7** 기록한 출퇴근 정보를 집계하는 처리

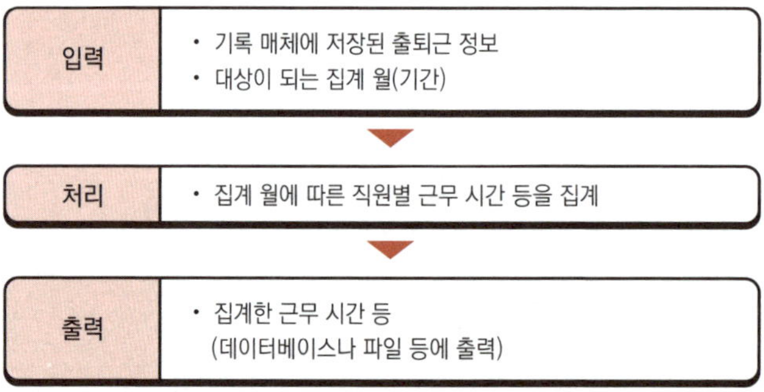


물론 그림 3-6, 그림 3-7의 처리도 그 내부는 더 세분화된 입력 · 처리 · 출력으로 분해할 수 있습니다.

이처럼 처리 내용이나 프로그램 크기가 다양해도 어느 프로그램이나 입력 · 처리 · 출력의 프로세스로 구성되어 있습니다. 처리 내용을 자세히 보면 여러 개

의 입력 · 처리 · 출력으로 구성되어 있습니다. 이 책에서는 입력 · 처리 · 출력의 구분을 전제로 프로그램을 읽는 방법을 해설하겠습니다.

CODE READING

## 3.1 프로그램을 읽는 법

여기서부터 드디어 프로그램을 읽는 방법에 대해 구체적으로 알아보려고 합니다. 다음 두 방법으로 프로그램을 읽을 수 있습니다.

- 전체를 파악한다.
- 한 줄씩 읽는다.

전체를 파악한다는 것은 프로그램의 목적이나 프로그램을 작성한 사람의 설계나 사고방식을 읽는 방법입니다. 그 프로그램에는 어떤 기능이 있고, 어떻게 처리해 나가는가를 읽어 갑니다.

한 줄씩 읽는다는 것은 문법적으로 각 줄을 이해하고 프로그램 전체에서 어떤 의미를 가지고 쓰인 코드인지를 읽는 방법입니다

어느 쪽이 좋거나 나쁘다는 것이 아니라 두 방법 모두 필요합니다. 단, 순서가 있습니다. 반드시 전체부터 먼저 파악하고, 그것을 근거로 각각의 코드를 분석하는 것이 올바르게 읽는 방법입니다.

### 전체를 파악하고 각 줄 읽기

예를 들어 다음 한 줄은 어떤 프로그램에서 뽑아낸 것입니다. 이것만 보여 준다면 어떻게 읽을까요?

**코드 3-1 어떤 프로그램에서 뽑아낸 코드 한 줄**

```
while user_choice not in choices:
```

이 한 줄을 읽기만 하면 이것이 while문이라는 것을 알 수 있습니다.

```
while 조건식:
    처리 내용
```

while은 위와 같은 구문으로 기술하고, 조건식이 충족되는 동안에는 다음 줄 이후의 처리를 계속 실행하는 동작을 수행합니다.

그래서 코드 3-1에서는 user_choice 변수 값이 choices에서 꺼낸 값과 일치하지 않다면 같은 처리를 반복한다는 것을 읽을 수 있습니다. 그럼 이를 읽고 무엇을 알 수 있었을까요?

만약 이 코드가 다음 프로그램에 기술된 한 줄이라면 읽는 방법은 어떻게 달라질까요?

**코드 3-2 코드 3-1을 포함하는 프로그램**

```
import random

# 가위바위보 손의 선택지
choices = {1: '가위', 2: '바위', 3: '보'}

def get_winner(user_choice, computer_choice):
    if user_choice == computer_choice:
        return '비김'
    elif (user_choice == 1 and computer_choice == 3) or \
            (user_choice == 2 and computer_choice == 1) or \
            (user_choice == 3 and computer_choice == 2):
        return '당신의 승리'
    else:
        return '컴퓨터의 승리'

def main():
```

```
    print("가위바위보를 합시다!")
    print("선택지: 1: 가위, 2: 바위, 3: 보")

    try:
        user_choice = int(input("당신의 손을 입력해 주세요.(1: 가위, 2: 바위, 3: 보): "))
        while user_choice not in choices:
            print("무효인 선택지입니다. 다시 입력해 주세요.")
            user_choice = int(input("당신의 손을 입력해 주세요.(1: 가위, 2: 바위, 3: 보): "))
    except ValueError:
        print("무효인 선택지입니다. 프로그램을 종료합니다.")
        return

    computer_choice = random.choice(list(choices.keys()))
    print(f"컴퓨터의 손은: {choices[computer_choice]}")

    result = get_winner(user_choice, computer_choice)
    print(result)

if __name__ == "__main__":
    main()
```

이 코드를 보고 프로그램의 목적이 무엇인지, 무엇을 하는 프로그램인지 생각해 보세요. 이 정도 크기의 프로그램에서 이렇게 작성돼 있다면 어떤 프로그램인지 대체로 상상이 되지 않았을까 생각합니다. 그럼 이제 다음 코드 3-1과 같은 코드를 봤을 때 그 의미나 위치가 달라질 것입니다.

```
while user_choice not in choices:
```

이 한 줄만 있다면 user_choice 변수의 값이 choices에서 꺼낸 값과 일치하지 않을 때 같은 처리를 반복한다는 것밖에 모르지만, 이번에는 입력한 손이 1, 2, 3 중 어느 것도 아니라면 같은 처리를 반복한다고 읽을 수 있습니다. 더 나아가 입력이 유효하지 않은 부분을 판단해 올바른 입력이 있을 때까지 기다리는 기능을 제공하는 코드라는 것도 이해할 수 있습니다.

이와 같이 프로그램에는 전체를 파악하도록 읽는 것과 줄마다 읽는 것, 두 가지 읽는 방법이 있습니다. 둘 다 중요한 읽기 방법입니다. 하지만 전체 안에서 그 줄이 어떤 의미를 가지는지까지 이해하도록 읽어야 정확하게 읽은 것입니다. 그래야 읽을 때 헤매거나 고민하지 않게 되어 더 짧은 시간에 읽을 수 있습니다. 프로그램을 열었을 때 갑자기 한 줄씩 어떤 코드인지를 살펴보는 것이 아니라 먼저 프로그램 전체부터 우선 이해해야 하며, 이는 매우 중요합니다.

## 전체를 파악하는 요령

이제 프로그램 전체를 파악하기 위한 읽기 방법을 자세히 알아보겠습니다. 전체를 파악하는 것은 ① 프로그램이 무슨 목적으로 만들어졌는지, ② 프로그램을 작성한 사람이 어떻게 설계했는지, ③ 프로그램의 어디에서 어떤 처리가 이루어지고 있는지를 명확히 하는 것입니다. 이 세 가지가 해결되면 프로그램의 세부적인 의미를 이해하기가 훨씬 쉬워집니다.

여기에 도움이 되는 것이 이 장 앞에서 설명한 프로그램의 구조입니다. 프로그램은 전체에서 세부에 이르기까지 입력→처리→출력의 3단계 프로세스로 분해할 수 있다는 사실을 기억해야 합니다. 지금까지 계속 다루고 있는 가위바위보 프로그램을 전체적으로 파악하면 다음과 같습니다.

입력: 플레이어의 손
처리: 승패 판정
출력: 판정 결과

어떤 프로그램에도 입력이 있고, 그 입력을 처리한 결과로 출력이 있습니다. 따라서 프로그램을 읽을 때 가장 먼저 해야 할 일은, 그 프로그램이 무엇을 하는 코드인지, 어떤 입력을 받아서 어떤 처리를 거쳐, 최종적으로 어떤 출력을 내는지를 — 예를 들어 가위바위보 프로그램처럼 — 파악하는 것입니다.

그다음은 부분을 읽는 단계입니다. 전체의 처리를 분해하고, 입력→처리→출력이 되는 곳을 찾아내 한층 더 세세하게 처리 내용을 살펴봅니다. 이렇게 함으로써 프로그램을 작성한 사람이 생각한 설계를 읽을 수 있습니다. 프로그램이 어떻게 설계되었는지 알면 프로그램의 어디에 어떤 기능이 있는지도 알 수 있습니다. 특히 프로그램이 클수록 세부에 걸쳐 모든 것을 읽기는 어렵습니다. 그럴 때 재사용할 수 있는 코드는 어디인지, 변경해야 할 부분은 어디인지 등을 빠르고 정확하게 판별해야 합니다. 여기서 프로그램이 어떻게 설계되어 있는지를 찾아내야 전체를 파악할 수 있습니다.

이렇게 설계를 의식해 프로그램을 읽는 것은 자신의 프로그램을 만들 때도 도움이 됩니다. 전체에서 세부로 입력→처리→출력을 생각해 나가는 것은 설계할 때도 중요하고, 프로그램을 읽는 힘을 키우면 프로그램을 설계하는 힘도 키워집니다. 프로그램을 만드는 기술에 대한 피드백은 나중에 설명하겠습니다.

## 한 줄씩 읽는 요령

프로그램의 또 다른 읽기 방법은 한 줄씩 읽는 방식입니다. 프로그래밍 언어의 문법에 따라 읽고, 각 줄의 의미를 생각하며 읽습니다.

입력→처리→출력은 각 줄에도 있습니다. 2장에서 다룬 가위바위보의 결과를 표시하는 프로그램(코드 2-5)을 다시 한번 봅시다.

**코드 3-3 코드 2-5에서 나타낸 가위바위보 결과를 표시하는 함수(발췌)**

```
22 def show_result(hand1, hand2):
23     results = ["승리", "패배", "비김"]
24     print(results[get_result(hand1, hand2)])
```

22번째 줄은 함수의 정의를 선언하고 있으므로 처리는 23번째 줄입니다. 이 줄은 간단합니다.

```
23    results = ["승리", "패배", "비김"]
```

이 줄을 입력 · 처리 · 출력으로 분해하면 다음과 같습니다.

입력: 승리, 패배, 비김의 문자열 리스트
처리: 입력된 리스트를 출력용 변수 results에 대입한다.
출력: 세 가지 패턴의 결과 리스트를 포함한 results 변수

24번째 줄도 같이 분해해 봅시다. 비록 한 줄이지만, 이 한 줄로 세 가지 처리를 하고 있습니다.

```
    print(results[get_result(hand1, hand2)])
```

이 한 줄 전체에서 입력 · 처리 · 출력을 파악해 봅시다. 다음과 같이 생각할 수 있습니다.

입력: results 리스트의 값 중 하나
처리: 승부의 결과를 표시한다.
출력: 승부의 결과(출력 대상은 표준 출력)

그러나 이 처리를 담당하는 print() 함수의 인수 부분은 한 번 더 나눌 수 있습니다. 인수만 꺼내 봅시다.

```
results[get_result(hand1, hand2)]
```

이것을 입력 · 처리 · 출력으로 분해하면 이렇게 됩니다.

입력: get_result() 함수의 반환 값
처리: 인덱스가 입력 값에 해당하는 results 리스트의 값을 반환한다.
출력: results 리스트 중 하나의 값

그렇다면 get_result() 함수가 어떤 입력 · 처리 · 출력으로 이루어져 있는지도 봐야 이 줄의 동작을 알 수 있습니다. 똑같이 분해해 봅시다.

입력: 변수 hand1(제1 인수)과 변수 hand2(제2 인수)
처리: get_result() 함수의 정의에 따른 처리
출력: get_result() 함수의 반환 값

이것으로 드디어 get_result() 함수의 코드를 읽어 보지 않으면 24번째 줄이 무엇을 출력하는지 알 수 없다는 것이 밝혀졌습니다. 하지만 여기까지 밝혀낼 수 있다면 get_result() 함수가 어떤 기능을 가진 함수인지는 예상할 수 있습니다. 예상하면서 get_result() 함수의 코드를 읽어 나가면 그저 앞부터 순서대로 읽으면서 한 줄씩 읽어가는 것보다 읽기 쉬울 뿐만 아니라 프로그램에 대한 이해도 깊어질 수 있다는 점을 깨닫게 될 것입니다.

memo

# 4장

# 프로그램 전체를 파악하는 요령

앞 장에서 프로그램을 읽는 방법에는 프로그램의 전체를 파악하는 방법과 프로그램을 한 줄씩 해석하는 방법 이렇게 두 방법이 있으며, 먼저 전체를 파악한 다음에 한 줄씩 해석하는 순서로 읽어야 한다고 설명했습니다. 전체적으로 파악하고 있어야 각 줄의 의미를 제대로 읽을 수 있기 때문입니다. 따라서 처음에 프로그램 전체를 얼마나 빠르고 정확하게 읽느냐가 중요합니다. 이 장에서는 프로그램 전체를 파악하는 요령을 소개합니다.

프로그램을 작성한 사람이 프로그램의 입력이나 출력, 처리를 어떻게 설계했는지, 그 안의 처리를 어떤 입력 · 출력 · 처리로 분해했는지, 이러한 설계를 읽는 것이 프로그램의 전체를 파악한다는 뜻입니다.

전체를 파악하는 것에는 두 단계가 있고 각각 중요한 사항이 있습니다. 하나는 프로그램을 읽기 전에 해야 하는 것이고, 그리고 또 하나는 프로그램을 읽을 때 조심해야 하는 것입니다. 구체적으로 무엇인지 자세히 살펴보겠습니다. 먼저 프로그램을 읽기 전에 해야 하는 것부터 알아보겠습니다.

CODE READING

## 4.1 프로그램을 읽기 전에 해야 할 일

프로그램을 읽을 때 무작정 읽는 것이 아니라 그 전에 해야 할 일이 있습니다. 말하자면 읽기 전의 준비를 갖추는 것입니다.

미리 해야 할 일은 다음 네 항목입니다.

- 문서를 찾는다.
- 프로그램을 작성한 사람에게 묻는다.

- 코드를 실행해 본다.
- 프로그램의 목적에 맞게 구현 즉 입력 · 출력 · 처리를 머릿속에 그린다.

상황에 따라 할 수도 있고, 못할 수도 있습니다.

모든 것을 다 해야 하는 것도 아닙니다. 실제로 할 수 있는 범위가 제한되지만, 이 항목들을 가능한 모두 해 놓으면 프로그램 전체를 파악하는 속도가 눈에 띄게 올라갑니다. 하나씩 상세하게 설명하겠습니다.

## 문서 찾기

프로그램에 관한 문서를 가지고 있으면 프로그램을 읽기 전에 미리 그 내용을 파악할 수 있습니다. 이것이 프로그램을 읽을 때 이해하는 데 도움이 된다는 것은 쉽게 짐작할 수 있습니다.

제가 경험한 바로는 시스템 개발 프로젝트에서는 다음과 같은 문서를 만듭니다.

1. 외부 사양서
2. 상세 설계서
3. 테스트 사양서
4. 프로그램 수정표
5. 불량 보고서

이러한 설계와 관계되는 문서 외에도 문제가 있었을 때 어떻게 수정했는지 등의 이력을 기록하는 문서를 요구하기도 합니다.

즉, 어떤 규칙을 기반으로 만들어진 프로그램에는 그에 맞는 문서가 있을 것입니다. 우선 문서가 준비되어 있는지, 없다고 해도 찾으면 발견할 수 있는지 확인해 보기 바랍니다. 특히 중요한 것은 외부 사양서와 상세 설계서입니다.

이 두 문서로 각각 다음과 같은 내용을 알 수 있습니다.

외부 사양서에는 주로 시스템 외부와의 상호작용이 정리되어 있습니다. 예를 들어 시스템 이용자에게 어떤 입력 화면을 제공할지, 어떤 항목을 입력으로 받을지, 입력할 때의 장치나 방법은 무엇인지 등입니다. 기존 시스템이나 웹상의 시스템 등 다른 시스템과 통신할 때 통신 방법이나 통신 내용 등은 외부 사양서에 의해 결정됩니다.

외부 사양서를 읽으면 프로그램의 입력 · 처리 · 출력 중 입력과 출력을 효율적이고 정확하게 파악할 수 있습니다. 무엇이 입력이고, 무엇이 출력인지 알고 있으면 실제 코드 중 어디가 그것에 해당하는지 가늠하기 쉬워집니다.

한편, 상세 설계서에는 주로 프로그램 처리 부분이 적혀 있습니다. 프로그램을 어떻게 설계했는지, 어떤 모듈로 구성되는지, 어떤 클래스를 만들 것인지, 클래스의 상관관계가 어떻게 되어 있는지 등 프로그램에 요구되는 기능을 어떻게 구현할 것인지에 대해 사전에 검토한 결과가 정리되어 있습니다.

상세 설계서를 읽는 것으로 프로그램 내의 입력 · 처리 · 출력의 구조를 더 구체적으로 파악할 수 있으며, 입력이나 출력이 어떤 변수로 취급되어 처리되는지 등의 정보도 읽을 수 있습니다.

문서 작성이 규칙화된 프로젝트의 프로그램이 아니더라도 참고할 문서가 존재하는 경우도 있습니다. 예를 들어 인터넷에 공개된 프로그램의 경우 작성자가 프로그램을 설명한 문서도 공개하는 경우가 있습니다. 외부 사양서나 상세 설계서처럼 상세하지 않을 수 있지만, 작성자 자신이 남기고 있는 문서라는 점에서는 귀중합니다. 또, 생성형 AI에게 프로그램의 핵심 구성 요소를 만들어 달라고 하는 경우에는 AI에게 설계서를 작성하게 할 수도 있습니다.

어떤 경위나 의도로 작성된 문서이든, 그것을 읽음으로써 프로그램 전체를 파악하는 데 도움이 될 수 있습니다.

문서를 읽을 때는 프로그램을 작성한 사람의 생각과 설계가 중요합니다. 이것이 명확해지면 프로그램 전체를 순조롭게 파악할 수 있습니다. 문서를 읽는 목적은 이를 위한 도움이 되는 정보를 끌어내는 것입니다.

## 외부 사양서 읽기

그럼 구체적으로 어디에 주목해야 할까요? 실제 문서를 보면서 생각해 봅시다.

다음 문서는 앞 장에서도 잠시 언급한 타임카드 관리 프로그램의 외부 사양서 목차입니다. 이 외부 사양서를 예로 봅시다. 여기서 어디를 중점적으로 읽으면 좋을까요?

1. 서론
   - 1.1 문서의 목적
   - 1.2 배경
   - 1.3 독자 대상
   - 1.4 용어의 정의
2. 시스템 개요
   - 2.1 시스템의 목적
   - 2.2 시스템 개요
   - 2.3 시스템의 범위
   - 2.4 전제조건과 제약
3. 사용자 요건
   - 3.1 사용자 유형 및 역할
   - 3.2 사용자가 원하는 기능
   - 3.3 사용자 인터페이스의 요건
4. 기능 요건
   - 4.1 사용자 인증 기능
   - 4.2 타각 기능
     - 4.2.1 출근 타각
     - 4.2.2 퇴근 타각
     - 4.2.3 휴식 시작 타각
     - 4.2.4 휴식 끝 타각
   - 4.3 타임카드 표시 기능
     - 4.3.1 일별 타각 표시
     - 4.3.2 주별/월별 집계 표시
   - 4.4 데이터 내보내기 기능
   - 4.5 관리자 기능
     - 4.5.1 사용자 관리

4.5.2 타각 수정 기능
4.5.3 리포트 생성
5. 비기능 요건
5.1 퍼포먼스 요건
5.2 보안 요건
5.3 가용성 요건
5.4 확장성 요건
5.5 유지보수성 요건
6. 인터페이스 요건
6.1 사용자 인터페이스
6.2 외부 시스템 인터페이스
6.3 API 사양
7. 데이터 요건
7.1 데이터베이스 설계
7.1.1 테이블 정의
7.1.2 데이터 흐름
7.2 데이터 저장 및 백업
8. 작동 흐름
8.1 출퇴근 흐름
8.2 휴식 흐름
8.3 관리자의 작동 흐름
9. 오류 핸들링
9.1 오류의 종류와 대응
9.2 사용자 통지 방법
10. 시스템 테스트
10.1 테스트 전략
10.2 테스트 항목과 케이스
10.3 테스트 환경
11. 도입과 이행 계획
11.1 도입 스케줄
11.2 데이터 이행 계획
11.3 사용자 교육
12. 부록
12.1 용어집
12.2 참고문헌
12.3 관련자료

꽤나 거대한 내용으로 보입니다. 하물며 실제로 손에 쥔 문서가 물리적으로도 많다면 진절머리가 날지도 모르겠네요. 하지만 이것을 정성껏 처음부터 다 읽을 필요는 없습니다. 이 목차를 보면 프로그램 전체를 파악하는 데 필요한 것은 '기능 요건'이나 '인터페이스 요건'입니다.

기능 요건은 전체적으로 중요한 것 같지만, 특히 타각[1] 기능, 타임카드 표시 기능은 각 항목 모두 중점적으로 보고 싶습니다. 여기서 입력하는 데이터가 무엇인지 꽤 분명해질 것 같습니다.

솔직히 프로그램을 읽기 위해서는 '기능 요건'만 읽어도 괜찮은 경우가 많습니다. 시간이 없거나 양이 너무 방대해 범위를 정할 수 없으면 나누어 읽기도 합니다.

그렇지만 가능하면 '인터페이스 요건'의 '사용자 인터페이스' 항목도 차분히 읽었으면 합니다. 여기서 사용자에게 무엇을 입력 받는지 알 수 있습니다.

이러한 '인터페이스 요건' 항목에서는 입력과 출력을 구체적으로 파악할 수 있습니다. 이는 '데이터 요건'도 마찬가지입니다. 또, 작동 흐름에 관한 항목을 봐두면 처리를 해석할 때 정보를 얻을 수 있을 것입니다.

다음으로 시간적인 여유에 따라, 이 외부 사양서의 '시스템 개요'의 항목인 '시스템의 목적'도 읽어 두면 시스템 전체의 목적, 지향점을 파악할 수 있습니다. 단지 이 목적은 대략적인 정리이므로 시스템을 이해할 수는 있지만, 프로그램을 읽기 위해 반드시 필요한 것은 아닙니다. 한편, 조금이라도 더 많은 정보를 문서에서 얻고자 한다면 훑어보기를 추천합니다.

다음은 문서마다 필요해 보이는 부분을 훑어보겠습니다. 이 문서에서는 '시스템 개요'나 '작동 흐름' 부분이 프로그램을 전체적으로 파악하는 데 도움이 될 수 있습니다.

---

1 역주 타각(打刻)이란 단어 자체를 풀이하면 때려서(타) 새기다(각)라는 의미입니다. 타임카드에 구멍을 뚫거나 잉크가 묻은 금속을 때려서 기록합니다. 여기서는 타임카드에 출근, 퇴근, 휴식 시간 등을 기록한다는 의미입니다. 평소에 쓰지 않는 단어지만 여기서는 타각이란 단어를 쓰겠습니다.

## 상세 설계서 읽기

상세 설계서의 예도 살펴보겠습니다. 어디까지나 하나의 예이지만, 여기서 다루는 것은 타임카드 관리 프로그램에서 사용자 인증 부분의 상세 설계서입니다. 타임카드는 사용자(이 경우는 직원)별로 관리하므로 사용자 인증은 단순히 보안이라는 의미뿐만 아니라 사용자를 특정하고 데이터를 관리하기 위해 중요합니다. 이 목차에서 어느 부분을 중점적으로 읽으면 좋을지 생각하면서 살펴보기 바랍니다.

1. 서문
  1.1 문서의 목적
  1.2 대상 독자
  1.3 전제조건과 배경
  1.4 용어의 정의
2. 시스템 아키텍처
  2.1 인증 시스템의 전체 구성도
  2.2 인증 흐름 개요
  2.3 인증 관련 컴포넌트 개요
  2.4 인증 프로세스의 데이터 흐름
  2.5 외부 시스템과의 연계 포인트
3. 모듈 설계
  3.1 인증 모듈 목록
  3.2 모듈 간의 의존관계
  3.3 로그인 모듈 설계
    3.3.1 로그인 처리 상세
    3.3.2 입력 유효성 검사
    3.3.3 인증 결과 반환
  3.4 로그아웃 모듈 설계
    3.4.1 세션 무효화
    3.4.2 로그아웃 처리 흐름
  3.5 패스워드 관리 모듈 설계
    3.5.1 패스워드 변경 처리
    3.5.2 패스워드 리셋 처리
    3.5.3 패스워드 암호화

4. 데이터베이스 설계
  4.1 사용자 테이블 설계
  4.2 인증 토큰 테이블 설계
  4.3 로그인 이력 테이블 설계
  4.4 패스워드 리셋 요청 테이블 설계
5. 인터페이스 설계
  5.1 API 설계
  5.2 UI와의 연계 인터페이스
  5.3 외부 시스템과의 인터페이스
6. 오류 핸들링 설계
  6.1 인증 오류의 종류
  6.2 오류 메시지의 정의와 표시 규칙
  6.3 로그 출력 및 오류 로그 관리
7. 보안 설계
  7.1 패스워드 보호와 암호화 방식
  7.2 인증 토큰의 보안 대책
  7.3 세션 관리 및 타임아웃 설정
  7.4 부정 접근의 검출과 대책
  7.5 2단계 인증(2FA)의 구현과 관리
8. 테스트 계획
  8.1 단위 테스트 설계
  8.2 결합 테스트 설계
  8.3 보안 테스트 설계

상세 설계서도 시스템의 규모에 따라 상당히 방대한 문서가 되기도 합니다.

이 책에서는 버전 업그레이드 등 어떠한 형태로든 프로그램에 손을 대는 것을 전제로 프로그램을 읽으려고 합니다. 그것을 위한 준비로 문서를 미리 살펴보려는 것입니다. 이 상세 설계서는 시스템의 인증 부분에 대한 설계서이므로 '시스템 아키텍처'를 먼저 읽어야 합니다. 여기서 프로그램의 전체적인 그림을 파악할 수 있습니다.

다음으로 '모듈 설계'에서 인증 기능이 어떻게 설계되었는지를 읽습니다.

이어서 '데이터베이스 설계'에서 인증 기능이 다루는 데이터를 파악하고, '인터페이스 설계'에서는 사용자 인터페이스 부분의 구조를 파악합니다. 어느 부분을 읽더라도 프로그램을 작성한 사람이 어떻게 생각하고 어떻게 각각의 프로그램을 설계했는지 예상할 수 있는 정보를 읽기 위해 노력해야 합니다.

## 프로그램을 작성한 사람에게 묻기

프로그램을 작성한 사람이 근처에 있거나 연락할 수 있다면 그 사람에게 프로그램에 관해 물어보기 바랍니다. 이 방법도 프로그램 전체를 빠르게 파악하는데 효과적입니다.

예전에 제가 몸담았던 개발팀에 어느 베테랑 프로그래머(A라 하겠습니다)가 있었는데 다른 팀에서도 자주 의지하는 직원이었습니다. 개발 현장에 오래 있던 사람이라, 여러 시스템에 관여했고 많은 프로그램을 작성했습니다.

과거에 관련된 시스템에서 문제가 있거나 버전을 업그레이드하는 경우에 해당 시스템의 개발 담당자가 A에게 찾아와 A가 참여한 프로그램에 관해 직접 물어보러 오기도 했습니다. 이렇게 본인에게 직접 물어볼 수 있다면 상당한 정보를 얻을 수 있습니다. 문서에는 적혀 있지 않은 것도 가르쳐 줄 수 있을지도 모릅니다.

그럼 프로그램 작성자를 만날 수 있다면 어떤 것을 물어보면 좋을까요? 프로그램 작성자는 다른 사람들도 의지할 수 있는 사람일 것이고, 지금도 개발의 중심에 있을 수도 있습니다. 즉, 대부분은 바쁠 것이기 때문에 가능한 한 짧은 시간 안에 끝낼 수 있는 질문으로 물어보는 것이 바람직합니다.

문서가 있다면 먼저 문서부터 읽어야 합니다. 사람에게 물어보는 것은 나중입니다. 문서에서 알 수 있는 것을 프로그램 작성자에게 묻는 것은 피해야 합니다.

프로그램의 세세한 부분에 초점을 맞춰 질문하는 것도 별로 권장하지 않습니다. 시간이 지날수록 세세한 부분은 잊혀집니다. 프로그램 전체를 파악하는 것이 중요하므로 세세한 부분까지 파고드는 것을 포기해야 할 때도 있습니다. 또 들은 내용을 반드시 메모해 남겨 둬야 합니다. 같은 것을 나중에 다시 묻지 않도록 합니다. 이러한 점을 지키지 못하면 귀중한 인재로부터 이야기를 듣는 기회가 마지막이 돼 버릴지도 모릅니다.

문서를 미리 조사하고 프로그램을 본 후에 몰랐던 부분을 질문해 봅시다. 이런 방법으로 자신도, 상대방도 시간을 유용하게 사용할 수 있습니다.

단, 문서가 없거나 프로그램을 읽기 어려운 경우는 처음부터 물어볼 수밖에 없습니다. 그때는 프로그램의 목적부터 물어봐야 합니다. 내가 작성한 프로그램으로 나중에 다른 사람에게 그런 수고를 끼치지 않기 위해서라도 프로그램을 작성할 때는 문서를 남기는 것이 중요합니다. 내가 프로그램을 작성할 때 읽는 사람이 곤란하지 않도록 하는 것이 '저 사람의 프로그램이면 쉽다'는 평가로 이어지지 않을까요?

## 코드 실행해 보기

프로그램을 실행할 수 있는 환경이라면 실행해 봅시다. 물론 프로그램의 출처가 의심스럽거나 보안이 불안하다면 실행해서는 안 됩니다. 하지만 그런 문제가 없다면 실행하고 동작을 살펴봅니다. 동작을 살펴봄으로써 많은 것을 알 수 있습니다. 만일 문서를 준비할 수 없더라도 프로그램에서 직접 정보를 얻을 수 있습니다.

프로그램을 실행하면 입력을 기다리는 프롬프트가 나타나거나 입력용 화면이 나타나는 경우가 있습니다. 그러면 거기서 요구하는 입력이 프로그램의 입력으로 처리된다는 것을 알 수 있습니다.

입력을 어떻게 처리하고, 그 결과가 화면에 표시된다면 그것이 프로그램의 출력입니다. 프로그램을 실행함으로써 입력과 출력에 대한 큰 힌트를 얻을 수 있습니다.

다음은 다양하게 입력해 보고 그것에 대해 어떻게 출력되는지 확인합니다. 그러면 어떤 처리를 하는지를 추측할 수 있습니다. 주먹이라고 입력하자 패배라고 표시되었습니다. 혹은 500과 800을 입력했더니 1,300원이라고 표시가 되었습니다. 각자 어떤 처리를 하고 있는지 예상이 되네요. 전자라면 가위바위보의 승패를 판정하는 처리, 후자라면 합계를 구하는 처리입니다.

물론 실제로 업무에 사용될 만한 프로그램이라면 이렇게까지 단순하지는 않을 것입니다. 하지만 입력과 출력을 확인할 수 있으면 처리의 전체 모습을 대략 예상할 수 있습니다. 이것은 프로그램의 전체적인 그림을 파악하는 데 큰 도움이 됩니다.

## 프로그램의 목적에 맞게 구현(입력 · 출력 · 처리)을 상상하기

프로그램의 목적을 알고 있다면 그 목적으로부터 입력과 출력을 예상할 수 있습니다. 그것이 처리를 유추하는 근거가 됩니다. 문서의 유무나 프로그램을 실행할 수 있는지에 관계없이, 목적으로부터 입력과 출력, 그 처리에 대한 가설을 세울 수 있습니다. 일단 프로그램의 구성을 상상함으로써 어디를 어떻게 읽으면 좋을지 미리 생각할 수 있습니다. 만약 자신이 생각한 것과 구현이 차이가 있더라도 아무런 자료도 없이 읽는 것보다는 효율적입니다.

예를 들어 가위바위보를 구현해야 하는 프로그램이라면 사용자가 선택한 손을 입력으로 하고, 승패 판정 처리를 하고, 승패 결과를 출력하는 프로그램을 상상할 수 있습니다. 그래서 사용자의 손을 선택하는 곳이 어디인지 살펴보면 실제 입력이 어디에 있는지 찾을 수 있고, 마찬가지로 손을 비교하는 부분, 승패를 판단하는 부분, 그 결과를 표시하는 부분을 찾아가며 처리와 출력이 어디에 있는지도 파악해 갈 수 있습니다.

자동판매기에 들어가는 프로그램이라면 돈과 주문이 입력되고, 주문된 상품을 고르고, 받은 돈에서 거스름돈을 계산하는 처리를 거쳐 주문된 상품과 거스름돈을 출력한다는 흐름을 상상할 수 있습니다.

타임카드 관리 프로그램이라면 출퇴근 시간이나 휴일 등의 정보를 입력해 매일 입력된 정보의 기록과 매월 근무 시간이나 쉬는 날 수의 계산 처리를 하고, 근무 시간이나 쉬는 날 등의 정보를 출력하는 것이 아닐까라고 생각할 수 있습니다.

프로그램에는 목적이 있으며 그 목적을 실현하기 위해 입력을 출력으로 바꾸는 것이 프로그램입니다. 무엇을 하는 프로그램인지, 프로그램의 목적을 알면 입력이나 출력을 예상할 수 있고, 입력을 출력으로 바꾸기 위한 처리도 상상할 수 있습니다. 문서가 없을 때나 프로그램을 실행할 수 없을 때는 이렇게 머릿속에 그린 그림이 실마리가 됩니다. 문서를 읽을 수 있고, 프로그램을 시험할 수 있을 때도 이런 프로그램이 아닐까 하는 가설이 있으면 전체를 효율적으로 파악할 수 있게 됩니다.

CODE READING

## 4.2 프로그램을 읽을 때 해야 할 일

프로그램을 읽기 전에 해야 할 일을 한마디로 정리하면 가능한 한 정보를 모으는 것이라고 할 수 있습니다. 모은 정보로 그 프로그램이 무엇을 하는지, 입력과 출력은 어떻게 되는지, 처리가 어떻게 이루어지는지를 구체적으로 예상할 수 있습니다.

그것을 확인하기 위해 실제 프로그램을 읽는 단계에 들어갑니다. 유감스럽게도 사전에 정보를 전혀 수집할 수 없는 경우도 있습니다. 그때는 단단히 각오하고 프로그램을 읽을 수밖에 없습니다.

프로그램을 읽을 때는 읽는 순서가 있습니다. 이것은 이 책에서 지금까지 몇 번이고 반복하는 내용입니다. 프로그램 전체의 입력 · 처리 · 출력을 파악하고, 각 처리를 다시 입력 · 처리 · 출력으로 분해해 나가는 작업, 바로 그 요령입니다.

읽는 순서는 다음과 같습니다.

1. 메인 부분 읽기

2. 데이터 구조 읽기

3. 부분별로 읽기

이 장에서는 전체를 파악하는 데 중요한 1번과 2번에 대한 실천 포인트와 읽는 흐름을 설명하겠습니다. 3번에 대해서는 다음 장 이후에서 중점적으로 소개합니다. 그럼 우선 1번부터 해보겠습니다.

## 1. 메인 부분 읽기

프로그램 전체를 입력 · 처리 · 출력의 세 프로세스로 생각했을 때 중심 처리가 적혀 있는 것이 메인 부분입니다. 여기를 읽음으로써 전체를 파악하고 다음으로 읽을 곳을 정할 수 있습니다.

프로그램을 읽기 전의 준비로 프로그램 전체의 그림이 그려졌다면 메인 부분을 읽어서 예상했던 것과 맞았는지 확인할 수 있습니다. 생각한 대로 처리된 경우도 있고, 그렇지 않은 경우도 있을 것입니다. 어쨌든 미리 생각했기 때문에 예상과 같은 부분, 다른 부분을 찾을 수 있으며, 그 발견 덕분에 더 빠르게 이해할 수 있습니다.

여기서 문제는 메인 부분이 어디인가입니다. 프로그래밍 언어에 따라 메인 부분의 위치가 다릅니다.

파이썬 프로그램에서 찾아보겠습니다. 파이썬에서는 먼저 작성된 코드부터 순서대로 실행됩니다. 메인 부분에 해당하는 것은 들여 쓰지 않은 줄 중에서 def문과 import문을 제외한 줄입니다.

예로, 타임카드를 타각하는 프로그램을 살펴봅시다. 메인 부분이 어디인지 의식하면서, 코드를 따라가 주세요.

코드 4-1 타임카드 관리 프로그램의 예

```python
import datetime
import json


# 사용자 데이터를 불러오기
def load_users():
    try:
        with open('users.json', 'r') as f:
            return json.load(f)
    except FileNotFoundError:
        return {}


# 사용자 데이터를 저장
def save_users(users):
    with open('users.json', 'w') as f:
        json.dump(users, f)


# 사용자 인증
def authenticate(users):
    user_id = input("사용자 ID를 입력해 주세요.: ")
    password = input("패스워드를 입력해 주세요.: ")
    if user_id in users and users[user_id]['password'] == password:
        print(f"어서 오십시오, {user_id}씨")
        return user_id
    else:
        print("인증에 실패하였습니다.")
        return None


# 타각 기능
def punch_clock(users, user_id, punch_type):
    now = datetime.datetime.now()
    if user_id not in users:
        users[user_id] = {'password': '', 'punches': []}
    users[user_id]['punches'].append({'type': punch_type, 'time':
```

```
now.isoformat()})
    print(f"{punch_type} 타각: {now}")
    save_users(users)


# 근무 시간의 표시
def display_times(users, user_id):
    if user_id not in users or not users[user_id]['punches']:
        print("타각 데이터가 없습니다.")
        return
    for punch in users[user_id]['punches']:
        print(f"{punch['type']} - {punch['time']}")


# 메인 처리
users = load_users()
user_id = authenticate(users)
if user_id:
    while True:
        print("\n1. 출근 타각\n2. 퇴근 타각\n3. 휴식 시작 타각\n4. 휴식 끝 타각\n5. 근무 시간 표시\n6. 종료")
        choice = input("선택지를 입력해 주세요.: ")


        if choice == '1':
            punch_clock(users, user_id, '출근')
        elif choice == '2':
            punch_clock(users, user_id, '퇴근')
        elif choice == '3':
            punch_clock(users, user_id, '휴식 시작')
        elif choice == '4':
            punch_clock(users, user_id, '휴식 끝')
        elif choice == '5':
            display_times(users, user_id)
        elif choice == '6':
            break
        else:
            print("잘못된 선택입니다.")
```

이 프로그램은 어디가 메인 부분인지 알기 쉽습니다.

```
51 # 메인 처리
```

51번째 줄에 주석으로 메인 처리라고 써져 있고, 52번째 줄부터 끝까지 메인 부분임을 알 수 있습니다.

이 프로그램의 경우 메인 부분에서는 다음과 같은 처리가 이루어지고 있습니다.

1. 사용자 불러오기
2. 사용자 인증하기
3. 사용자가 지정한 항목으로 타각하기

파이썬에서는 이러한 메인 부분을 main() 함수로 작성하는 것이 권장됩니다. 코드 4-1을 이에 따라 고치면 다음과 같습니다.

**코드 4-2 코드 4-1에서 main 함수를 사용했을 경우(51번째 줄 이후)**

```
51 # 메인 프로그램
52 def main():
53     users = load_users()
54     user_id = authenticate(users)
55     if not user_id:
56         return
57
58
59     while True:
60         print("\n1. 출근 타각\n2. 퇴근 타각\n3. 휴식 시작 타각\n4. 휴식 끝 타각\n5. 근무 시간 표시\n6. 종료")
61         choice = input("선택지를 입력해 주세요.: ")
62
63
64         if choice == '1':
65             punch_clock(users, user_id, '출근')
66         elif choice == '2':
```

```
67             punch_clock(users, user_id, '퇴근')
68         elif choice == '3':
69             punch_clock(users, user_id, '휴식 시작')
70         elif choice == '4':
71             punch_clock(users, user_id, '휴식 끝')
72         elif choice == '5':
73             display_times(users, user_id)
74         elif choice == '6':
75             break
76         else:
77             print("잘못된 선택입니다.")
78
79
80 if __name__ == '__main__':
81     main()
```

이 경우 실행되는 것은 80번째 줄의 if문이며, 그 안에서 main() 함수가 호출돼 실행됩니다. 따라서 main() 함수에 적힌 처리를 보면 메인 부분을 알 수 있습니다.

이 책에서는 주로 파이썬 프로그램을 예제로 선택했지만, 다른 프로그래밍 언어도 살펴보겠습니다. 여기서는 C 언어를 예로 들겠습니다.

C 언어의 메인 부분은 반드시 main() 함수에 기술해야 합니다. 코드 4-1과 같은 처리를 하는 프로그램을 C 언어로 써봤습니다. C 언어를 모르는 사람이더라도 main() 함수는 어디일까 생각하면서 읽어 보세요. main() 함수에 기술한 것은 코드 4-1과 같은 처리입니다.

**코드 4-3 C 언어로 작성한 타임카드의 타각 프로그램**

```
#include <stdio.h>
#include <stdlib.h>
#include <string.h>
#include <time.h>


#define MAX_USERS 100
```

```
#define MAX_PUNCHES 100


typedef struct {
    char type[20];
    char time[30];
} Punch;


typedef struct {
    char user_id[20];
    char password[20];
    Punch punches[MAX_PUNCHES];
    int punch_count;
} User;


User users[MAX_USERS];
int user_count = 0;


void load_users() {
    FILE *file = fopen("users.dat", "rb");
    if (file != NULL) {
        fread(&user_count, sizeof(int), 1, file);
        fread(users, sizeof(User), user_count, file);
        fclose(file);
    }
}


void save_users() {
    FILE *file = fopen("users.dat", "wb");
    if (file != NULL) {
        fwrite(&user_count, sizeof(int), 1, file);
        fwrite(users, sizeof(User), user_count, file);
        fclose(file);
    }
}
```

```c
User *authenticate() {
    char user_id[20];
    char password[20];
    printf("사용자 ID를 입력해주세요: ");
    scanf("%s", user_id);
    printf("패스워드를 입력해 주세요 : ");
    scanf("%s", password);
    for (int i = 0; i < user_count; i++) {
        if (strcmp(users[i].user_id, user_id) == 0 && strcmp(users[i].password, password) == 0) {
            printf("어서 오십시오, %s씨\n", user_id);
            return &users[i];
        }
    }
    printf("인증에 실패하였습니다.\n");
    return NULL;
}
void punch_clock(User *user, const char *punch_type) {
    time_t now = time(NULL);
    struct tm *t = localtime(&now);
    strftime(user->punches[user->punch_count].time, sizeof(user->punches[user->punch_count].time), "%Y-%m-%d %H:%M:%S", t);
    strcpy(user->punches[user->punch_count].type, punch_type);
    user->punch_count++;
    printf("%s타각: %s\n", punch_type, user->punches[user->punch_count - 1].time);
    save_users();
}
void display_times(User *user) {
```

```c
    if (user->punch_count == 0) {
        printf("타각 데이터가 없습니다.\n");
        return;
    }
    for (int i = 0; i < user->punch_count; i++) {
        printf("%s - %s\n", user->punches[i].type, user->punches[i].time);
    }
}


int main() {
    load_users();
    User *user = authenticate();
    if (user == NULL) {
        return 1;
    }


    while (1) {
        int choice;
        printf("\n1. 출근 타각\n2. 퇴근 타각\n3. 휴식 시작 타각\n4. 휴식 끝 타각\n5. 근무 시간 표시\n6. 종료\n");
        printf("선택지를 입력해 주세요: ");
        scanf("%d", &choice);


        switch (choice) {
            case 1:
                punch_clock(user, "출근");
                break;
            case 2:
                punch_clock(user, "퇴근");
                break;
            case 3:
                punch_clock(user, "휴식 시작");
                break;
            case 4:
                punch_clock(user, "휴식 끝");
                break;
```

```
            case 5:
                display_times(user);
                break;
            case 6:
                return 0;
            default:
                printf("잘못된 선택입니다.\n");
                break;
        }
    }


    return 0;
}
```

하나 더 VBA[2] 같은 경우도 보겠습니다. VBA의 메인 부분은 실행 버튼에 대응시킨 함수 안에 쓰여집니다. 다음 코드 4-4는 Button1이라는 버튼을 눌렀을 때 실행되는 타임카드의 타각 프로그램입니다.

이 코드에서는 Button1_Click() 함수가 버튼에 대응돼 있고, 이 함수에 메인 부분이 적혀 있습니다. 처리는 파이썬이나 C 언어와 같습니다.

**코드 4-4 VBA에서 작성한 타임카드의 타각 프로그램**

```
Private Sub Button1_Click()
    Dim userID As String
    Dim password As String
    Dim punchType As String

    ' 사용자 인증
    userID = InputBox("사용자 ID를 입력해주세요:")
    password = InputBox("패스워드를 입력해 주세요:")

    If Not Authenticate(userID, password) Then
        MsgBox "인증에 실패하였습니다."
```

2 역주 Visual Basic for Applications의 약자로 프로그램 안에서 동작하는 Visual Basic 코드입니다.

```
        Exit Sub
    End If

    ' 타각 타입의 선택
    punchType = InputBox("타각 타입을 입력해 주세요: (출근, 퇴근, 휴식 시작, 휴식 끝)")

    ' 타각 처리
    PunchClock userID, punchType

    MsgBox punchType & "타각이 완료되었습니다."
End Sub


Function Authenticate(userID As String, password As String) As Boolean
    Dim ws As Worksheet
    Dim found As Range

    Set ws = ThisWorkbook.Sheets("Users")
    Set found = ws.Columns("A").Find(What:=userID, LookIn:=xlValues, LookAt:=xlWhole)

    If Not found Is Nothing Then
        If ws.Cells(found.Row, 2).Value = password Then
            MsgBox "어서 오세요," & userID & "씨"
            Authenticate = True
        Else
            MsgBox "패스워드가 틀립니다."
            Authenticate = False
        End If
    Else
        MsgBox "사용자 ID를 찾지 못하겠습니다."
        Authenticate = False
    End If
End Function


Sub PunchClock(userID As String, punchType As String)
```

```
    Dim ws As Worksheet
    Dim currentTime As String
    Dim lastRow As Long

    Set ws = ThisWorkbook.Sheets("Users")
    currentTime = Format(Now, "yyyy-mm-dd hh:mm:ss")

    ' 데이터의 기록
    lastRow = ws.Cells(ws.Rows.Count, "A").End(xlUp).Row + 1
    ws.Cells(lastRow, 1).Value = userID
    ws.Cells(lastRow, 3).Value = punchType
    ws.Cells(lastRow, 4).Value = currentTime
End Sub
```

이처럼 언어별 특징을 알고 있으면 메인 부분을 찾기 쉽습니다. 하지만 그러한 특징이 통용되지 않는 경우도 있으니 그때는 열심히 코드를 따라갈 수밖에 없습니다.

메인 부분이 어디에 있는지 찾는 능력에 따라, 프로그램을 보는 방법이 바뀌고 전체를 파악하는 속도도 빨라집니다.

## 메인 부분의 처리 분해하기

메인 부분을 특정할 수 있었던 곳에서 그 처리를 분해하고, 더 상세하게 살펴볼 준비를 합시다.

프로그램 전체의 입력 · 처리 · 출력이 적힌 곳이 메인 부분입니다. 이 장에서 다룬 타임카드의 타각 프로그램에서는 입력과 출력이 다음과 같습니다.[3]

3 이 장에서는 앞에서 말한 바와 같이, 코드 안에서 어떻게 이것을 읽는지에 대해서는 설명하지 않습니다. 여기서는 그다음 단계로 가면 됩니다.

입력: 사용자 ID, 패스워드, 타각 타입
출력: 로그인한 사용자의 타각 타입, 기록한 타각 일시

이 입력에서 출력을 얻는 것이 처리입니다. 처리를 분해해 보면 여러 개의 처리로 구성되어 있는 것을 알 수 있습니다. 코드 4-2의 main() 함수를 보세요.

**코드 4-5 타임카드의 타각 프로그램의 main() 함수(코드 4-2에서 발췌)**

```
def main():
    users = load_users()
    user_id = authenticate(users)
    if not user_id:
        return
    while True:
        print("\n1. 출근 타각\n2. 퇴근 타각\n3. 휴식 시작 타각\n4. 휴식 끝 타각\n5. 근무 시간 표시\n6. 종료")
        choice = input("선택지를 입력해 주세요.: ")
        if choice == '1':
            punch_clock(users, user_id, '출근')
        elif choice == '2':
            punch_clock(users, user_id, '퇴근')
        elif choice == '3':
            punch_clock(users, user_id, '휴식 시작')
        elif choice == '4':
            punch_clock(users, user_id, '휴식 끝')
        elif choice == '5':
            display_times(users, user_id)
        elif choice == '6':
            break
        else:
            print("잘못된 선택입니다.")
```

main() 함수의 처리는 크게 세 가지로 나눌 수 있습니다.

**1.** 사용자 인증

**2.** 타각 타입의 취득

**3.** 타각 정보의 기록

메인 부분의 각각의 처리도 더욱 분해해 봅시다. **1**번 사용자 인증에 주목하면 다음처럼 나눌 수 있습니다.

**1-1.** 사용자 정보 불러오기(load_users() 함수)

**1-2.** 인증(authenticate() 함수)

인증 처리를 살펴보겠습니다. 이 처리에서는 authenticate() 함수를 호출하고 있습니다.

**코드 4-6 authenticate() 함수(코드 4-1에서 발췌)**

```
21 def authenticate(users):
22     user_id = input("사용자 ID를 입력해 주세요.: ")
23     password = input("패스워드를 입력해 주세요.: ")
24     if user_id in users and users[user_id]['password'] == password:
25         print(f"어서 오십시오, {user_id}씨")
26         return user_id
27     else:
28         print("인증에 실패하였습니다.")
29         return None
```

authenticate() 함수의 코드를 보면 인증 처리를 4개로 분해할 수 있습니다.

**1-2-1.** 사용자 ID 입력(22번째 줄)

**1-2-2.** 패스워드 입력 (23번째 줄)

**1-2-3.** 사용자 ID와 패스워드의 대조(24번째 줄)

**1-2-4.** 인증 결과의 표시와 반환(25~29번째 줄)

이로써 상당히 세부 기능으로 나눴습니다. 이렇게 메인 부분의 처리를 파악함으로써 그 처리를 세분화할 수 있습니다. 그러면 프로그램 전체 중에서 어떤 기능이 어디에 적혀 있고, 어떤 순서로 나열돼 있는지를 파악할 수 있습니다.

여기에서는 어디까지나 전체적으로 파악하기 위해 분해했지만, 이것은 나중에 한 줄씩 읽어 나갈 때를 위한 준비이기도 합니다. 바로 세세한 부분까지 파고드는 것이 아니라 전체적인 입력 · 처리 · 출력이 어떻게 되었는지 파악하고 다시 처리 안의 입력 · 처리 · 출력을 찾아내는 분해를 반복해 세세한 부분까지 읽어 나갈 수 있습니다.

## 2. 데이터 구조 읽기

메인 부분을 분석해 프로그램 전체를 파악할 수 있으면 프로그램 전체의 입력과 출력을 알 수 있습니다. 표준 입력이나 파일 입력, 표준 출력이나 데이터베이스로 출력 등을 입력이나 출력으로 생각할 수 있습니다.

처리를 따라가면서 프로그램의 전체를 이해하려는 시각과 마찬가지로, 입력부터 출력까지의 과정에서 데이터가 어떻게 전달되는지를 보는 시각도 프로그램을 이해하는 데 도움이 됩니다. 대부분 프로그램에서는 입력과 출력이 변수에 저장됩니다. 프로그램이 얻은 입력을 변수에 저장하고 변수라는 형태로 다양하게 처리되고, 출력에 사용할 변수에 값을 저장하고, 이렇게 저장된 변수가 프로그램의 최종 출력이 됩니다. 따라서 프로그램에는 어떤 변수가 준비돼 있고, 어느 처리에서 어떻게 사용되는지를 밝히는 것도 프로그램을 파악하는 데 중요합니다.

타임카드의 타각 프로그램에서 메인 부분은 다음처럼 구성돼 있습니다.

1. 사용자 인증
2. 타각 타입의 취득
3. 타각 정보의 기록

다시 한번 코드로 확인해 봅시다.

**코드 4-7 타임카드의 타각 프로그램의 main() 함수(코드 4-5 재사용)**

```
52 def main():
53     users = load_users()
54     user_id = authenticate(users)
55     if not user_id:
56         return
57
58
59     while True:
60         print("\n1. 출근 타각\n2. 퇴근 타각\n3. 휴식 시작 타각\n4. 휴식 끝 타각\n5. 근무 시간 표시\n6. 종료")
61         choice = input("선택지를 입력해 주세요.: ")
62
63
64         if choice == '1':
65             punch_clock(users, user_id, '출근')
66         elif choice == '2':
67             punch_clock(users, user_id, '퇴근')
68         elif choice == '3':
69             punch_clock(users, user_id, '휴식 시작')
70         elif choice == '4':
71             punch_clock(users, user_id, '휴식 끝')
72         elif choice == '5':
73             display_times(users, user_id)
74         elif choice == '6':
75             break
76         else:
77             print("잘못된 선택입니다.")
```

사용자 인증 처리에서 입력은 '등록된 사용자 정보'와 '표준 입력된 사용자 ID와 패스워드'이며, 출력은 '인증 결과'입니다. 사용자 인증은 load_users() 함수(53번째 줄)와 authenticate() 함수(54번째 줄)로 실행됩니다.

54번째 줄에서는 authenticate() 함수에 의한 인증 결과를 user_id 변수로 출력합니다. 실제로는 인증에 성공(올바른 사용자 ID와 패스워드가 입력됨)하면 사용자 ID가 그대로 저장되고, 인증에 실패하면 None이라고 하는 값이 저장됩니다(코드 4-6).

이처럼 프로그램 내에서는 입력이나 출력에 변수가 사용되는 경우가 많고, 각각의 변수에 어떤 값이 저장되는지, 어떤 값이 입력 값으로 사용되고 어떤 값이 출력되는지를 읽을 수 있으면 프로그램을 읽는 속도가 빨라집니다.

프로그램을 읽을 때는 다음의 순서로 읽어야 한다고 설명했습니다.

1. 메인 부분 읽기
2. 데이터 구조 읽기
3. 부분별로 읽기

메인 부분을 읽는 것은 무엇보다도 우선입니다. 그런 다음 데이터 구조를 읽는 것과 부분별로 해석해 읽는 것은 필요에 따라 병행해 진행하면 됩니다. 갑자기 한 줄씩 코드를 읽는 것이 아니라 메인 부분부터 읽어야 합니다. 그리고 처리만 쫓는 것이 아니라, 데이터의 흐름이나 입력, 출력도 의식하면서 읽음으로써, 읽는 속도와 정확도가 부쩍 올라갈 것입니다.

memo

5장

# 코드를 한 줄씩 읽는 요령

프로그램 전체를 파악하면 그 프로그램이 어떤 처리를 하는지 알 수 있습니다. 그다음은 그 처리를 분해하는데 이로써 좀 더 상세한 동작을 알 수 있습니다. 전체적으로 프로그램을 파악할 때도, 프로그램의 세부 사항을 해석할 때도, 처리 안에서 입력 · 처리 · 출력을 찾아 읽는 방식을 계속 반복하면 됩니다.

반복해 처리를 나누면 머지않아 코드를 한 줄씩 읽을 수 있는 단계에 도달합니다. 물론 한 줄씩 읽을 때도 그 줄에 입력 · 처리 · 출력이 있다고 의식해야 합니다. 거기까지 읽을 수 있으면, 읽고 있는 프로그램을 수정할 때 어디를 어떻게 바꾸면 좋을지를 쉽게 알 수 있습니다.

이처럼 코드를 한 줄씩 읽을 때는 입력 · 처리 · 출력이 어떻게 이루어지는지를 살펴보는 것이 기본적인 자세입니다. 그러나 이 과정을 형식적으로 의식하기만 해서는 프로그램을 제대로 읽을 수 없습니다. 아무래도 프로그래밍 언어의 문법 지식이 필요합니다. 단순히 문법 책을 다 읽고 배운 수준으로는 부족합니다. 다른 사람이 작성한 프로그램을 읽는 데 필요한 문법 지식을 뜻합니다. 하지만 이 책에서는 문법 자체를 해설하지 않습니다. 어디까지나 프로그램에서 프로그래머의 의도를 읽을 때의 문법 지식의 사용법을 다루려고 합니다.

이 장에서는 프로그램을 읽을 때 문법 지식을 어떻게 활용하는지에 대해 내용으로, 다음과 같은 관점에서 해설하겠습니다.

- 한 줄에서 입력과 출력을 읽는다.
- 변수를 읽는다.
- 반복문을 읽는다.
- 함수를 읽는다.
- 클래스를 읽는다.

이것은 제가 강사로 있는 프로그래밍 교실에서 수강생으로부터 질문을 받는 부분이기도 합니다. 아마 여러분 중에도 이와 같은 점을 의문스럽게 생각하는 분이 많지 않을까 싶습니다.

# 5.1 한 줄에서 입력과 출력 읽기

프로그램의 각 줄은 제어문과 실행문으로 나뉩니다. 선언문이나 주석 등도 있지만 여기서는 생략합니다.

제어문은 프로그램의 흐름을 제어하기 위해 사용됩니다. 예를 들면 if문은 다음 실행 처리를 제어하고, while문이나 for문은 반복적으로 실행하는 횟수를 제어하는 것을 목적으로 합니다. 제어가 목적이므로 제어문입니다.

제어문에는 기본적으로 처리가 없습니다. 제어문과 실행문을 구분할 수 있으면 한 줄씩 수월하게 읽을 수 있습니다. 프로그램의 흐름을 파악하는 데 도움이 되기 때문입니다.

4장에서 다룬 타임카드의 타각 프로그램에도 제어문을 사용하고 있습니다.

**코드 5-1 제어문에 주목해 읽기(코드 4-1에서 발췌)**

```
# 메인 처리
users = load_users()
user_id = authenticate(users)
if user_id:
    while True:
        print("\n1. 출근 타각\n2. 퇴근 타각\n3. 휴식 시작 타각\n4. 휴식 끝 타각\n5. 근무 시간 표시\n6. 종료")
        choice = input("선택지를 입력해 주세요.: ")


        if choice == '1':
            punch_clock(users, user_id, '출근')
        elif choice == '2':
            punch_clock(users, user_id, '퇴근')
        elif choice == '3':
            punch_clock(users, user_id, '휴식 시작')
        elif choice == '4':
```

```
67            punch_clock(users, user_id, '휴식 끝')
68        elif choice == '5':
69            display_times(users, user_id)
70        elif choice == '6':
71            break
72        else:
73            print("잘못된 선택입니다.")
```

여기서 while문이 1곳, if문은 2곳, if문에 따른 elif문과 else문은 총 6곳입니다. 파이썬에서는 문장 끝에 콜론(:)이 있는 줄은 제어문이 됩니다. 이러한 줄에는 입력 · 처리 · 출력이 없습니다. 하지만 다음 줄에 제어에 따른 실행문이 반드시 나온다는 신호로 받아들일 수도 있겠습니다.

## 실행문에서 입력 · 처리 · 출력 찾기

한편, 실행문에는 입력 · 처리 · 출력이 있습니다. 제어문으로 프로그램의 흐름을 확인하면서 실행문이 나오면 그 입력과 출력을 찾아 처리를 읽습니다. 이러한 방식으로 줄마다 할 수 있습니다.

예를 들어 코드 5-1의 56번째 줄에서 입력 · 처리 · 출력으로 분해해 봅시다.

```
print("\n1. 출근 타각\n2. 퇴근 타각\n3. 휴식 시작 타각\n4. 휴식 끝 타각\n5. 근무 시간 표시\n6. 종료")
```

이 줄이라면 다음처럼 읽을 수 있습니다.

입력: "\n1. 출근 타각\n2. 퇴근 타각\n3. 휴식 시작 타각\n4. 휴식 끝 타각\n5. 근무 시간 표시\n6. 종료"라는 문자열
처리: 입력된 문자열을 표준 출력에 표시한다.
출력: 출력 대상은 표준 출력이며, 출력할 내용은 "\n1. 출근 타각\n2. 퇴근 타각\n3. 휴식 시작 타각\n4. 휴식 끝 타각\n5. 근무 시간 표시\n6. 종료"라는 문자열

프로그램의 전체적인 모습을 파악했다면 '사용자에게 제시하는 메뉴'를 표시하는 처리를 하고 있다고 해석할 수도 있을 것입니다.

또 다른 예로 다음의 57번째 줄을 살펴봅시다.

```
choice = input("선택지를 입력해 주세요.: ")
```

이 줄의 경우는 다음처럼 읽을 수 있습니다.

입력: "선택지를 입력해 주세요.:"라는 문자열 및 표준 입력으로 입력된 문자열
처리: 입력된 문자열을 표준 출력에 표시하고, 표준 입력으로 입력된 문자열을 지정된 변수에 대입한다.
출력: 출력 대상은 choice 변수로, 출력할 내용은 표준 입력에서 입력한 문자열

모두 이것처럼 읽어야만 한다는 것은 아닙니다. 프로그램의 수정이 목적인지, 어떠한 동작을 하는지에 대한 이해가 목적인지 등 읽는 목적에 따라서도 무엇을 읽어내야 하는지도 달라집니다. 어떤 목적으로 무엇을 읽어야 하는지가 달라도, 한 줄의 코드라도 입력 · 처리 · 출력으로 분해할 수 있음을 알았으면 합니다.

여기서 이 두 줄을 읽어 봅시다.

```
print("\n1. 출근 타각\n2. 퇴근 타각\n3. 휴식 시작 타각\n4. 휴식 끝 타각\n5.
근무 시간 표시\n6. 종료")
choice = input("선택지를 입력해 주세요.: ")
```

이렇게 두 줄을 한 덩어리로 파악하면 '타임카드를 타각할 때 어떤 시각으로 타각할지 입력 받기 위한 코드'로 작성된 것을 알 수 있습니다. 다음과 같이 입력을 받아 출력을 얻는 코드라고 읽을 수 있기 때문입니다.

입력: 위 줄에서 나타낸 타각 타입을 바탕으로 표준 입력으로 입력된 값
출력: choice 변수에 저장된 타각 타입

이 책에서는 지금까지 전체를 파악한 다음, 부분으로 분해하고 그것이 곧 한 줄에 이른다고 설명해 왔습니다. 여기에서는 반대로 한 줄씩 입력 · 처리 · 출력의 조합이 부분에서 실현하고 싶은 입력 · 처리 · 출력이 된다는 것을 보여 주었습니다. 여러 부분을 맞추어 가는 것으로, 이윽고 전체의 입력 · 처리 · 출력으로 정리할 수 있습니다. 전체, 부분, 한 줄로 프로그램 안에서의 단위를 바꿔도 입력 · 처리 · 출력을 찾을 수 있습니다.

## 5.2 변수 읽기

CODE READING

대부분의 프로그램에서 변수가 사용됩니다. 변수는 프로그램에서 다루는 값이나 데이터를 일시적으로 저장하고 다른 계산이나 처리를 할 때 사용됩니다.

프로그램을 읽을 때의 시각으로 보면, 프로그램 어딘가에서 얻은 출력이 다른 곳의 입력으로 사용될 때 변수가 사용됩니다. 모든 변수에는 목적이 있습니다. 그 목적을 이해하면 어떤 입력에 그 변수가 사용되고 그에 대해 어떻게 출력되는지 추측할 수 있습니다. 그 사이를 연결하는 처리도 정확하게 읽어 내는 데 도움이 됩니다.

실제 시스템 개발 현장에서는 변수에 기대한 값이 들어 있지 않아 오동작이 일정 확률로 발생합니다. 처음 보는 프로그램을 읽을 때는 물론이고 그러한 현장에서 어디에 문제가 있는지 밝힐 때도 변수를 정확하게 읽을 수 있는 기술이 도움이 됩니다.

변수를 읽을 때는 다음 세 가지를 주의해야 합니다.

- 변수명으로 변수의 목적을 추측한다.
- 변수의 스코프(유효 범위)를 파악한다.
- 대입되는 장소와 참조되는 장소를 찾아낸다.

세 번째에 대해서는 변수라는 관점에서 보았기 때문에 이렇게 썼지만, 이 책을 통해 설명하는 방법으로 한다면 다음과 같이 바꿔 말할 수 있습니다.

- 출력이 저장되는 위치와 입력으로 사용되는 위치를 찾는다.

여러분에게는 이게 더 알기 쉬울지도 모르겠네요.

그럼 각각에 대해 자세히 살펴봅시다.

## 변수명으로 변수의 목적 추측하기

변수에는 목적이 있습니다. 보통 변수명은 그 목적에 부합하는 이름으로 지어져 있습니다. 파이썬에서는 변수의 명명 규칙으로 단어를 언더스코어로 연결해야 한다고 정해져 있으며, 이 명명 규칙을 염두에 두고 변수명을 보면 변수의 목적을 추측할 수 있습니다.

실제로 타임카드의 타각 프로그램에서 변수명을 살펴봅시다.

**코드 5-2 타임카드의 타각 프로그램에서 사용하는 변수(코드 4-1에서 발췌)**

```
# 메인 처리
users = load_users()
user_id = authenticate(users)
```

여기에 users라는 변수와 user_id라는 변수가 있습니다. users, user_id라는 변수명에서 목적을 예측할 수 있을까요?

모두 user를 사용하고 있으니 사용자 관련 변수일 것입니다. 여러 개를 뜻하는 s가 붙어 있는 users는 많은 사용자, _id가 붙어 있는 user_id는 누군가의 사용자 ID일 것이라고 추측할 수 있습니다.

실제 이 프로그램에서 users는 시스템에 등록된 사용자 정보 리스트를 담고, user_id에는 시스템을 이용하려고 로그인한 사용자의 이름을 저장합니다. 변수명만 봐도 역할을 직관적으로 알 수 있는 좋은 예입니다.

하지만 드물게 변수명에 변수의 목적과는 전혀 관계없는 단어가 사용되기도 합니다. 사실 드물지 않고 자주 있다고 해도 될 정도입니다.

예를 들어 변수를 만들 때 일단 변수명을 임시로 만들어 두고 계속 코딩할 수 있습니다. 변수명을 바꾸지 않고 프로그램에 그대로 사용된 경우나, 개발 중에 변수의 사용 목적이 변경되었는데도 변수명은 처음 그대로인 경우 등 변수의 목적과 변수명이 어긋나는 일이 생깁니다. 이러한 경우는 변수명에서 그 의도를 읽어 내기가 어려워집니다.

그런 의미에서 언제든지 어떤 프로그램에서도 확실하다고 할 수는 없지만 변수명은 변수의 목적을 읽기 위한 큰 힌트가 됩니다.

### 변수 i는 어떤 변수?

변수가 변수의 목적을 나타내지 않으면 프로그램을 읽기 어려워지는 것은 사실이지만, 반복문에서 사용되는 변수 i처럼 변수명 자체에 의미가 없어도 목적은 잘 알 수 있는 변수도 있습니다.[1]

**코드 5-3 반복문에서 사용되는 변수 i의 목적은?**

```
# 1부터 5까지의 범위를 반복
for i in range(1, 6):
    print(i)
```

1 역주 for문에서 변수 i는 integer나 index의 앞 글자에서 유래합니다. 전통적인 for문에서 많이 사용되었으며 중첩된 for문의 경우 처음에는 i, 그 다음은 j, k로 쓰기도 하고 이중 for문의 경우에는 i가 아닌 m, n을 많이 썼습니다. 되도록이면 의미가 있는 변수를 가지도록 습관을 갖는 게 좋습니다.

변수 i는 의미가 없어 보이지만, 이 변수의 역할을 모르겠다는 사람은 거의 없습니다. for문을 일정한 기준으로 값을 꺼내 반복할 경우에는 변수 i를 사용하는 것이 일반적입니다. 여러분들 중에도 여기서 당황하는 사람은 거의 없을 것입니다.

## 변수의 스코프 파악하기

변수에는 스코프가 있습니다. 스코프란 유효 범위를 말합니다. 범위 밖에서는 변수가 존재할 수 없습니다. 따라서 범위 밖에서 그 변수를 참조하거나 대입할 수 없습니다.

무슨 말이냐 하면, 예를 들어 함수 안에서 정의된 변수는 함수 밖에서 사용할 수 없습니다. 만약 같은 이름의 변수가 있다고 해도, 그것은 다른 변수로 취급됩니다.

이것을 다음 샘플 프로그램에서 확인합시다.

**코드 5-4 스코프 밖의 변수를 이용한 프로그램**

```
global_a = 1


def func_a():
    local_a = 0
    print(global_a)
    print(local_a)


func_a()
print(global_a)
print(local_a)
```

이 프로그램을 실행하면 마지막 줄에서 오류가 납니다.

```
NameError: name 'local_a' is not defined. Did you mean: 'global_a'?
```

local_a 변수는 func_a() 함수의 정의 안에서 사용되는 함수이므로 스코프는 이 함수의 내부로 한정됩니다. 따라서 12번째 줄처럼 함수 밖에서는 참조도, 대입도 할 수 없습니다.

```
12    print(local_a)
```

한편 1번째 줄에서 초기화한 global_a 변수는 프로그램 어디서나 이용할 수 있습니다. 이런 변수를 글로벌 변수라고 합니다. 한편, local_a와 같이 함수 정의 안에서 사용되는 변수를 로컬 변수라고 합니다.

이것은 그저 단순한 문법 지식입니다. 변수의 스코프를 아는 분도 많을 것입니다. 하지만 프로그램 내에 같은 이름의 글로벌 변수와 로컬 변수가 있다면 심각한 혼란을 초래합니다. 이것은 프로그램을 읽기 어려워지는 원인이 될 수 있습니다.

**코드 5-5 같은 이름의 글로벌 변수와 로컬 변수가 있는 프로그램**

```
global_a = 1


def func_a():
    global_a = 10
    print(global_a)


func_a()
print(global_a)
```

이 프로그램을 실행하면 다음과 같이 출력됩니다.

```
10
1
```

변수 global_a가 유효한 범위를 생각해 보겠습니다. 먼저 func_a() 함수 중에서는 로컬 변수인 global_a가 참조됩니다. 이것은 5번째 줄에서 초기화되고 6번째 줄에서 참조됩니다. func_a() 함수 내에서 실행된 다음 코드는 func_a() 함수 안에서 global_a 변수를 만든 다음 10을 대입하고 있습니다.

```
05      global_a = 10
```

5번째 줄에서는 글로벌 변수를 새로 쓰고 있는 것이 아닙니다.

예를 들어 기대한 값이 출력되지 않아 원인을 조사하기 위해 프로그램을 읽는 경우, 이 변수의 범위가 중요해질 수 있습니다. 프로그래머 본인은 글로벌 변수에 값을 대입했다고 생각하고, 사실은 그것은 로컬 변수로 취급되는 장소에 기술하는 경우가 있기 때문입니다.

원래 스코프가 다른 곳에서 같은 변수명을 사용하는 것은 권장하지 않습니다. 확실히 말하면 피해야 할 코딩 방식입니다. 오류로 이어지기도 쉽고, 오류가 나지 않아도 읽기 어려운 프로그램이 되어 버립니다. 하지만 실제 프로그램에서는 그렇게 작성하는 것도 분명히 있습니다. 내가 보고 있는 변수가 글로벌인지, 로컬인지, 그것과 같은 이름의 변수가 다른 장소에도 없는지를 확인하면서 읽는다면 프로그램을 쉽게 읽을 수 있을 것입니다.

## 대입되는 장소와 참조되는 장소

데이터 구조를 해석할 때의 요령은 대입과 참조입니다. 변수를 사용하는 목적은 일시적으로 데이터를 보관하고 다른 코드에서 그 데이터를 재사용하기 위함입니다. 이 책의 설명으로 표현하자면 어느 줄의 출력을 다른 줄의 입력으로 사용하기 위해서입니다. 즉, 변수가 만들어졌다면 반드시 어딘가에 대입되어 또 다른 어딘가에 참조될 것입니다.

어디에서 어떤 데이터가 대입되는지, 그것이 다른 어디에 참조되는지, 어떠한 데이터로 되는지를 찾는 것이 변수 읽기에서 중요합니다.

예를 들면 다음 같은 프로그램의 경우, 1번째 줄에서 변수 a에 10이라는 숫자가 대입되고 2번째 줄에서 print() 함수의 인수로 참조되고 있습니다.

```
01 a = 10   # 대입
02 print(a)  # 참조
```

이렇게 간단한 프로그램이라면 대입되는 장소와 참조되는 장소는 금방 찾을 수 있지만, 복잡한 프로그램이라면 여러 번 대입되거나, 전혀 다른 곳에 참조되거나, 함수 내에서 대입과 참조가 모두 이루어지기도 있습니다.

프로그램을 작성할 때 프로그래머는 어떤 데이터를 어디에 쓸 것인가를 생각하면서 데이터 구조를 설계하고, 변수를 만듭니다. 그러한 프로그래머의 의도를 읽는 것이 프로그램을 이해하는 데 중요합니다. 거기에는 변수가 대입되는 장소와 참조되는 장소를 찾는 것이 확실한 지름길입니다.

CODE READING

## 5.3 반복문 읽기

프로그래밍을 가르치면서 반복문을 어떻게 읽어야 하느냐는 질문을 많이 받았습니다. 반복 처리가 진행되는 사이에 입력이나 출력, 처리가 파악되지 않아, 읽을 수 없거나 모르겠다는 경우가 많아서인 것 같습니다.

반복문을 읽는 데 익숙해지면 반복이 한 바퀴 돌 때마다 무엇을 하는지, 변수에 어떤 값이 대입되는지 등을 머릿속에서 정확하게 따라갈 수 있습니다. 그 결과, 반복 처리가 끝났을 때 무엇이 출력되는지를 자동으로 알게 됩니다. 이것이 빠르고 정확하게 프로그램을 읽는 데 도움이 됩니다.

반복문을 읽을 때는 다음과 같은 순서로 생각하면서 읽기 바랍니다.

**1.** 반복문으로 실현하고 싶은 것은 무엇인가

**2.** 어떤 단위로 반복하는가

**3.** 한 바퀴마다 무엇이 행해지고 있는가

각각이 무엇을 의미하는지 자세히 설명하겠습니다.

먼저 **1**번을 설명하겠습니다. 예를 들어 다음처럼 for문이 나왔다고 해 봅시다.

```
for i in range(10):
```

이 for문은 i가 0에서 9가 될 때까지 10번 반복한다는 것을 나타냅니다. for문에서 알 수 있는 것은 이뿐이지만, 프로그램을 읽을 때 for문이 나오면 반복하는 동안 무엇을 실행하려고 하는지 추측하면서 읽어 나갑니다. 프로그램 전체를 분해할 때 반복문이 어디선가 나오면 그것이 분해 전 처리 혹은 처리의 일부가 됩니다. 어떤 처리에서 반복문이 사용되는지를 생각하면 그 목적을 정확하게 예측하면서 세부 사항을 읽을 수 있습니다.

**2**번은 무엇을 기준으로 반복하는지를 의미합니다. 예를 들면 다음은 0부터 9까지 숫자를 세면서 반복하고 있습니다.

```
for i in range(10):
```

또한 다음 코드는 요일로 반복하고 있습니다.

```
day_of_week = ["Sun", "Mon", "Tue", "Wed", "Thu", "Fri", "Sat"]
for day in day_of_week:
```

이 코드는 일주일이 한 바퀴 도는 처리라고 생각할 수 있습니다. 이렇게 반복 단위를 보면 반복되는 처리를 읽을 때 큰 힌트가 될 수 있습니다.

**3**번에서는 변수에 주목합니다. 반복 중에 어떤 값이 변수에 대입되는지, 그 값이 반복 중에 어떻게 사용되는지가 읽기의 핵심입니다.

프로그램으로 살펴보겠습니다. 다음 프로그램에서 for문이 한 바퀴 돌 때마다 어떤 일이 이루어지는지를 따라가 보겠습니다.

**코드 5-6 반복문을 사용한 프로그램**

```
day_of_week = ["Sun", "Mon", "Tue", "Wed", "Thu", "Fri", "Sat"]
title_line = ""


class Color:
    BLACK      = '\033[30m'  # (문자)검은색
    RED        = '\033[31m'  # (문자)빨간색
    BLUE       = '\033[34m'  # (문자)파란색
    RESET      = '\033[0m'  # 모두 리셋


for day in day_of_week:
    if day == "Sun":
        title_line += Color.RED + day + Color.RESET + " "
    elif day == "Sat":
        title_line+= Color.BLUE + day + Color.RESET + " "
    else:
        title_line+= Color.BLACK + day + Color.RESET + " "


print(title_line)
```

이 프로그램을 실행하면 다음처럼 출력됩니다.

```
Sun  Mon  Tue  Wed  Thu  Fri  Sat
```

실제로는 Sun이 빨간색, Sat이 파란색으로 출력됩니다. 이렇게 요일을 나타내는 문자열을 요일에 따른 문자 색으로 출력하는 것이 for문의 목적이었던 것 같습니다.

이를 바탕으로 프로그램을 읽어 봅시다.

반복 단위는 리스트 형식의 변수 day_of_week의 각 요소입니다. 이것은 요일을 나타내는 문자열입니다.

반복문을 처음 실행할 때 12번째 줄에서 day 변수에 Sun이라고 하는 문자열이 대입됩니다. title_line 변수는 2번째 줄에서 초기화되어 이 시점에서는 값이 없지만, 반복문을 처음 실행하면 다음과 같은 문자열이 됩니다.

```
\033[31mSun\033[0m
```

두 번째 반복에서는 day 변수에 Mon이 대입됩니다. title_line 변수는 첫 번째 반복에서 다음과 같은 문자열이었습니다.

```
\033[31mSun\033[0m
```

하지만 두 번째 반복문이 끝날 때는 다음처럼 됩니다.

```
\033[31mSun\033[0m  \033[30mMon\033[0m
```

이렇게 일주일을 반복합니다. 이때 각각의 반복 중에 day와 title_line의 값이 어떻게 변하는지를 정리해 봤습니다.

❤ 표 5-1 코드 5-6의 반복 처리에서 변화하는 변수의 값(day 및 title_line)

| 반복문 횟수 | day 변수 | title_line 변수(반복문 시작 시) | title_line 변수(반복문 종료 시) |
|---|---|---|---|
| 1 | "Sun" | "" | "\033[31mSun\033[0m " |
| 2 | "Mon" | "\033[31mSun\033[0m " | "\033[31mSun\033[0m<br>\033[30mMon\033[0m " |
| 3 | "Tue" | "\033[31mSun\033[0m<br>\033[30mMon\033[0m " | "\033[31mSun\033[0m<br>\033[30mMon\033[0m<br>\033[30mTue\033[0m " |
| 4 | "Wed" | "\033[31mSun\033[0m<br>\033[30mMon\033[0m<br>\033[30mTue\033[0m " | "\033[31mSun\033[0m<br>\033[30mMon\033[0m<br>\033[30mTue\033[0m<br>\033[30mWed\033[0m " |
| 5 | "Thu" | "\033[31mSun\033[0m<br>\033[30mMon\033[0m<br>\033[30mTue\033[0m<br>\033[30mWed\033[0m " | "\033[31mSun\033[0m<br>\033[30mMon\033[0m<br>\033[30mTue\033[0m<br>\033[30mWed\033[0m<br>\033[30mThu\033[0m " |
| 6 | "Fri" | "\033[31mSun\033[0m<br>\033[30mMon\033[0m<br>\033[30mTue\033[0m<br>\033[30mWed\033[0m<br>\033[30mThu\033[0m " | "\033[31mSun\033[0m<br>\033[30mMon\033[0m<br>\033[30mTue\033[0m<br>\033[30mWed\033[0m<br>\033[30mThu\033[0m<br>\033[30mFri\033[0m " |
| 7 | "Sat" | "\033[31mSun\033[0m<br>\033[30mMon\033[0m<br>\033[30mTue\033[0m<br>\033[30mWed\033[0m<br>\033[30mThu\033[0m<br>\033[30mFri\033[0m " | "\033[31mSun\033[0m<br>\033[30mMon\033[0m<br>\033[30mTue\033[0m<br>\033[30mWed\033[0m<br>\033[30mThu\033[0m<br>\033[30mFri\033[0m<br>\033[34mSat\033[0m " |

이렇게 일요일부터 토요일까지 처리를 반복한 결과, title_line 변수에는 다음의 문자열이 대입되어 있습니다.

```
"\033[31mSun\033[0m  \033[30mMon\033[0m  \033[30mTue\033[0m
\033[30mWed\033[0m  \033[30mThu\033[0m  \033[30mFri\033[0m
\033[34mSat\033[0m  "
```

반복이 끝난 후에 21번째 줄의 print() 함수에 이 문자열을 넘겨줌으로써 요일에 따른 문자 색으로, Sun부터 Sat까지의 요일이 나열된 문자열이 출력됩니다.

이렇게 반복문을 자세히 살펴볼 때는 한 바퀴마다 반복문 안에서 변수가 어떻게 변화하는지를 따라가면 처리를 구체적으로 읽을 수 있습니다.

## 5.4 함수 읽기

CODE READING

프로그램을 읽기 위해서 프로그램 전체의 처리를 파악하고 처리 내용을 세세하게 살펴가며 분해하는 과정을 지금까지 여러 번 설명했습니다. 처리를 분해하다 보면 함수가 자주 나옵니다.

▼ 그림 5-1 처리를 담당하는 함수

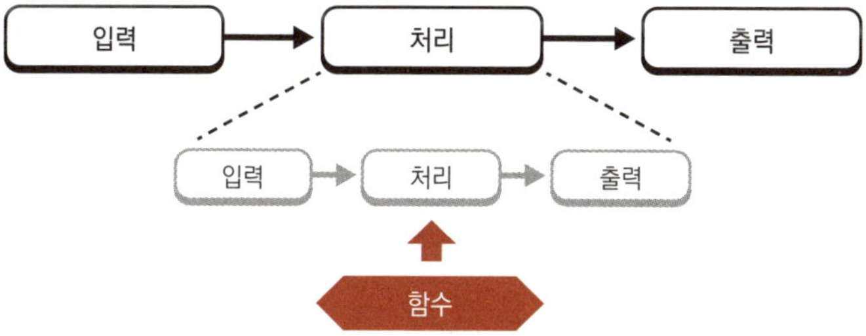


기본적으로 함수의 입력은 인수이고 출력은 반환 값이 되지만, 그 외에 표준 입출력, 파일, 데이터베이스 등도 함수의 입력 또는 출력이 되기도 합니다.

함수를 읽을 때의 요령도 어디까지나 입력 · 처리 · 출력으로 구분하기입니다. 우선은 입력이 되는 인수와 출력이 되는 반환 값을 봅니다. 이를 통해 해당 함수에 어떤 데이터를 입력하는지에 따라 어떤 데이터가 출력되는지를 파악합니다. 인수나 반환 값은 변수로 입력하고 변수로 출력되는 경우가 많기 때문에 변수를 따라가면 어떤 입력, 출력이 있는지 추측할 수 있습니다.

하지만 인수나 반환 값이 존재하지 않는 함수도 흔합니다. 이 경우는 함수 내에서 입력과 출력이 이루어집니다. 예를 들면 키보드 등의 장치를 조작한 결과를 표준 입력으로 읽어 입력으로 하거나, 처리한 결과를 파일이나 데이터베이스에 쓰는 형태로 출력하는 동작입니다. 인수나 반환 값 이외의 입출력은 함수의 정의에 어떤 처리가 있는지를 읽어 보면 찾을 수 있습니다.

타임카드의 타각 프로그램에서도 함수가 사용됩니다. 메인 부분을 보겠습니다.

**코드 5-7 타임카드의 타각 프로그램의 메인 부분에서 사용되는 함수(코드 4-1에서 발췌)**

```
51 # 메인 처리
52 users = load_users()
53 user_id = authenticate(users)
54 if user_id:
55     while True:
56         print("\n1. 출근 타각\n2. 퇴근 타각\n3. 휴식 시작 타각\n4. 휴식 끝 타각\n5. 근무 시간 표시\n6. 종료")
57         choice = input("선택지를 입력해 주세요.: ")
58
59
60         if choice == '1':
61             punch_clock(users, user_id, '출근')
```

여기서 보이는 코드만으로 load_users 함수, authenticate 함수, print 함수, input 함수, punch_clock 함수가 사용되고 있습니다. 각각 무엇을 입력으로 받고, 무엇을 출력하는지 읽어 보겠습니다.

## 함수의 입력과 출력 읽기

우선 52번째 줄의 함수는 다음과 같습니다.

```
load_users()
```

이 함수의 입력과 출력은 다음과 같습니다.

입력: 인수는 없음. 함수 내에서 파일에서 사용자 정보 목록을 불러오기
출력: 반환 값 = users에 저장되는 사용자 정보 목록

이 입력처럼 함수를 호출하는 곳에서는 입력이 지정되어 있지 않아도 함수 자체 내부에 입력이 기술된 경우가 있습니다.

다음은 53번째 줄의 함수입니다.

```
authenticate(users)
```

이때 입력과 출력은 다음과 같습니다.

입력: 인수 users와 함수 내에서 표준 입력(로그인하는 사용자의 ID)을 취득
출력: 반환 값 = 로그인한 사용자의 인증 결과(성공한 경우는 해당 사용자의 ID)

그다음에 나오는 함수는 56번째 줄의 print 함수입니다.

```
print("\n1. 출근 타각\n2. 퇴근 타각\n3. 휴식 시작 타각\n4. 휴식 끝 타각\n5. 근무 시간 표시\n6. 종료")
```

이 경우의 입력과 출력은 다음이 됩니다.

입력: 인수의 문자열
출력: 인수로 지정된 문자열을 표준 출력에 표시

이 코드를 실행하면 다음처럼 출력되어 사용자가 어느 시각을 타각하고 싶은지 등 선택할 수 있는 메뉴가 표시됩니다.

```
1. 출근 타각
2. 퇴근 타각
3. 휴식 시작 타각
4. 휴식 끝 타각
5. 근무 시간 표시
6. 종료
```

이 메뉴를 받아들여 실행되는 것이 57번째 줄의 input 함수입니다.

```
input("선택지를 입력해 주세요.: ")
```

이 한 줄의 경우 입력과 출력은 다음과 같습니다.

입력: 인수의 문자열과 표준 입력을 통해 사용자가 입력한 숫자
출력: 문자열의 표준 출력과 사용자가 입력한 값

print 함수와 input 함수는 파이썬의 내장 함수이므로 이 프로그램 내에는 정의가 기술되어 있지 않습니다.

마지막으로 61번째 줄의 punch_clock 함수를 보겠습니다.

```
punch_clock(users, user_id, '출근')
```

이것은 프로그램 안에서 정의된 함수입니다. 이 코드의 입력과 출력은 다음이 됩니다.

입력: users, user_id, 문자열 출근(모두 인수)
출력: 반환 값은 없음. 함수 내에서 타각 정보가 데이터베이스로 출력된다.

어떤 함수이든 먼저 인수와 반환 값, 그다음에 함수 내의 처리를 봅시다. 먼저 함수 전체의 입력과 출력을 파악하면 함수를 이해하기 쉽습니다.

# 5.5 클래스 읽기

클래스나 객체에 대한 이해는 프로그래머에게 큰 장애물이라고 할 수 있습니다. 하지만 업무로 프로그램을 개발해야 한다면 피해 갈 수 없습니다. 프로그램을 읽을 때도 같습니다.

함수가 하나의 처리를 정의한 것이라면, 클래스는 좀 더 큰 단위로서 하나의 역할을 묶어 놓은 것이라고 할 수 있습니다.

함수는 입력을 출력으로 바꾸기 위한 처리를 기술한 것입니다. 구현하고 싶은 처리를 함수로 프로그래밍할 때는 입력 데이터를 준비하고, 출력 저장용 변수를 만들고, 함수에 입력을 전달해 출력을 받습니다. 함수는 처리를 담당하고 있으므로, 입력과 출력을 변수로 준비하는 것입니다.

한편 클래스는 역할을 실현하기 위해 필요한 데이터와 이를 처리하기 위한 기능이 한데 묶여 있습니다. 따라서 클래스 안에서 입력 · 처리 · 출력이 완결되어 있습니다. 클래스를 사용하지 않아도 함수와 변수를 조합함으로써 동일한 입력에 대해 동일한 출력을 하는 처리를 만들 수는 있습니다. 그런데 메인 부분부터 순서대로 함수, 변수를 각각 따라가야 그 연관성을 파악할 수 있습니다. 한편, 클래스를 사용하면 관련된 데이터와 처리는 클래스 안에 완결되어 있어, 파악하기가 쉽습니다.

클래스를 설계하거나 생성자 등 특정한 메서드를 준비할 필요가 있는 만큼, 클래스로 하면 프로그램을 작성할 때의 수고는 늘어나지만, 읽을 때는 훨씬 편해집니다.

## 역할이나 목적에서 세부 내용 읽어내기

여기서는 클래스를 읽을 때의 원칙을 설명합니다.

앞에서 설명한 바와 같이, 클래스는 데이터나 그 처리 등에 대해 프로그램 전체에서의 역할 혹은 목적을 기준으로 묶어 놓은 것입니다. 그렇다면 클래스를 읽을 때는 그 역할이 무엇인지 알아내야 합니다. 거기서 그 역할을 수행하기 위해서 필요한 데이터는 무엇인지, 필요한 처리는 무엇인지 추측하면 클래스 읽기가 더 순조로워집니다.

예를 들어 사용자를 인증하는 클래스를 살펴보겠습니다.

이 클래스의 역할은 사용자 인증입니다. 그래서 이 클래스에는 사용자 인증에 필요한 것이 갖춰져 있을 것이라고 생각할 수 있습니다. 이를 염두에 두고 읽읍시다.

이때 어떻게 사용자를 인증하는지 그 방법을 예측하면서 읽으면 사용자 인증에 필요한 데이터나 처리가 점점 보이게 됩니다.

일반적인 사용자 인증은 등록을 마친 사용자 정보와 인증을 요구하는 사용자의 정보(사용자 이름과 패스워드 등)를 비교합니다. 사용자 정보가 일치하면 인증할 수 있고, 일치하지 않으면 인증할 수 없습니다.

이렇게 생각하면 다음과 같은 정보가 보일 것입니다.

필요한 데이터: 이미 등록된 사용자 이름과 패스워드
필요한 처리: 사용자 정보(사용자 이름과 패스워드) 등록
사용자 인증

이렇게 예상하고 프로그램을 살펴보겠습니다. 다음과 같이 기술되어 있었다고 해 봅시다.[2]

2 코드 5-8은 어디까지나 샘플입니다. 실제 사용자 인증이라면 패스워드의 암호화, 등록을 마친 사용자 정보의 보존, 사용자 정보의 변경이나 삭제 등의 처리도 요구되지만, 여기서는 생략합니다.

**코드 5-8 사용자 인증을 목적으로 한 클래스**

```
class UserAuth:
    def __init__(self):
        # 사용자 정보를 저장하는 딕셔너리. 키가 사용자 이름, 값이 패스워드
        self.users = {}


    def register_user(self, username, password):
        """새 사용자를 등록한다"""
        if username in self.users:
            print(f"사용자 '{username}'는 이미 등록되어 있습니다.")
            return False
        self.users[username] = password
        print(f"사용자 '{username}'이 등록되었습니다.")
        return True


    def login(self, username, password):
        """사용자가 로그인할 때 사용"""
        if username not in self.users:
            print("사용자 이름이 없습니다.")
            return False
        if self.users[username] == password:
            print(f"사용자 '{username}'이 정상적으로 로그인 했습니다.")
            return True
        else:
            print("패스워드가 틀렸습니다.")
        return False


    def authenticate(self, username, password):
        """사용자가 인증되었는지 확인"""
        return self.login(username, password)
```

클래스 작성에 대한 문법적인 세부 사항은 여기에서는 다루지 않겠습니다. 해당 내용을 잘 모른다면 클래스에 대한 설명이 충실한 입문서나 인터넷에서 관련 자료와 함께 읽어 주세요. 그렇지만 이 클래스의 역할인 사용자 인증을 염두에 두고 읽으면 처리 내용을 유추할 수 있습니다. 등록을 마친 사용자 이름과 패스워드를 어디에서 취득하는지, 사용자 정보의 신규 등록은 어느 처리(메서드)로 실시하는지, 사용자의 인증을 어느 처리(메서드)로 실시하는지 등이 보일 것입니다. 그러면 각각에 대해 무엇이 입력인지, 출력인지를 파악하기가 쉬워집니다.

클래스의 경우는 지금까지 설명한 것처럼, 입력 · 처리 · 출력을 분해하는데 우선 입력과 출력을 찾는 방법이 아니라 클래스의 역할을 기준으로 처리를 찾고, 그 입력과 출력을 특정하는 방법이 더 효율적입니다. 어쩌면 코딩에 따라서는 이처럼 클래스를 읽는 것이 더 이해하기 쉬울 수도 있습니다. 경우에 따라 입력과 출력에서 찾아갈 것인지, 처리에서 찾아갈 것인지를 구분해 사용하면 좋을 것입니다. 클래스에 한해서 말하면, 그 역할 즉, 처리부터 살펴보는 것이 효율적으로 읽어 내는 요령이라고 생각해 주세요.

# 6장

# 프로그램 읽기 실습(입문 수준)

지금까지는 읽기 어려운 프로그램이라도 코드를 분석하고 읽어 내는 데 도움이 되는 읽기 기술에 대해 설명했습니다. 이제부터는 실제로 프로그램으로 실습해 보겠습니다. 이번 장에서는 입문 수준으로서 간단한 구조의 게임 프로그램을 다룹니다. 다음 장 이후에는 파이썬의 모듈, 업무 용도의 프로그램과 같이 실무에 도움이 되는 프로그램을 다룰 예정입니다.

따라서 이번 장의 프로그램이 부족하다고 느끼는 분도 있을 것입니다. 딱히 노력하지 않아도 어떤 프로그램인지, 어떻게 처리가 진행되는지를 읽을 수 있을지도 모릅니다. 하지만 지금까지 설명한 읽는 기술을 적용해 프로그램을 읽어 보세요. 어디를 보면서 전체를 파악할지, 입력 · 처리 · 출력은 무엇인지, 처리를 분해함으로써 어떤 입력 · 처리 · 출력을 이끌어낼 수 있는지를 생각하면서 프로그램을 읽어 보기 바랍니다. 프로그램을 읽을 때의 관점을 소중하게 여겨줬으면 합니다.

이 책에서 다루는 프로그램에 대해서는 각 프로그램 본문 외에, 코드를 읽어 내는 데 필요한 정보로써 다음을 설명합니다.

- 그 프로그램의 목적
- 외부 사양 및 상세 설계

위와 같은 정보가 없는 프로그램도 있습니다. 실제로 여러분이 프로그램을 읽을 때는 반드시 정보가 갖춰져 있다고는 할 수 없으므로 없는 것은 없는 채로 읽어야 합니다.

읽는 방법에는 정답이 없습니다. 이 책에서 여러 번 말해 왔지만, 프로그램에서는 설계와 설계의 의도를 읽는 것이 중요합니다. 프로그래머가 설계를 어떻게 코드에 녹여냈는지에 대해 단 하나의 정답만 있는 것은 아닙니다. 기존 프로그램을 바탕으로 또 다른 프로그램을 만들 것인지, 기능을 추가해 업그레이드할 것인지, 리팩터링할 것인지 등에 따라서도 읽어야 할 것이 미묘하게 달라집니다.

그래서 실습 파트에서는 읽는 방법의 한 예로, 제가 각각의 프로그램을 읽을 때는 무엇을 생각하고, 어디에 착안해 어떻게 읽었는지를 정리합니다. 이 방식 그대로 읽을 필요는 없지만, 읽는 방법의 한 가지 모델로 참고해 주세요.

또한, 프로그램의 모든 것을 상세하게 읽지는 않겠습니다. 프로그램을 이해하기 위해 실마리가 되는 부분을 어떻게 읽어야 하는지를 보여 줍니다. 이 책에서 언급하지 않은 곳도 꼭 읽어 보기 바랍니다.

프로그램을 많이 읽을수록 프로그램을 읽는 실력이 향상됩니다. 연습을 거듭하면 그만큼 실력이 향상됩니다. 이 장을 프로그램 읽기 능력을 키우는 첫걸음으로 삼기 바랍니다.

덧붙여 일부 프로그램을 제외하고, 제가 작성한 프로그램을 다룹니다. 해당 프로그램은 다음 사이트에서 공개하고 있습니다. 실행해 보고 싶다면 실습에 활용해 주세요.

URL https://github.com/gilbutITbook/080458

## 6.1 숫자 맞추기 게임

CODE READING

첫 번째 프로그램은 숫자 맞히기 게임으로, 컴퓨터가 생각한 수를 적은 횟수로 맞히는 것이 목표입니다.

### 프로그램의 목적

프로그램은 정수 1부터 100까지 중 하나를 무작위로 정합니다. 플레이어가 그 답을 추측해 입력하면 프로그램은 답이 플레이어의 입력보다 큰지, 작은지를 힌트로 반환합니다. 플레이어는 가능한 한 적은 횟수로 올바른 답을 찾는 게임입니다.

### 외부 사양

없습니다.

### 상세 설계

상세 설계서 자체는 포함되어 있지 않지만, 상세 설계로서 다음과 같은 흐름을 구현한 것을 알 수 있습니다.

1. 프로그램이 1부터 100까지 중 무작위 숫자를 고른다.
2. 플레이어는 그 숫자를 맞추기 위해 답을 입력한다.
3. 프로그램은 입력된 숫자가 맞는지를 판정하고 '더 크다' 또는 '더 작다'와 같은 힌트를 제공하며 플레이어의 입력을 기다린다.
4. 정답을 맞추면 몇 번째 도전에서 맞혔는지가 표시되고 게임이 종료된다.

## 프로그램을 읽기 전에 추측하기

4장에서 프로그램을 읽기 전에 해야 할 일을 알려 드렸습니다. 다음과 같습니다.

- 문서 찾기
- 프로그램을 작성한 사람에게 묻기
- 코드를 실행해 보기
- 프로그램의 목적에 맞게 구현 즉 입력 · 출력 · 처리를 머릿속에 그리기

문서에 대해서는 외부 사양은 따로 없으며, 상세 설계 대신 전체 흐름을 알고 있습니다.

프로그램을 작성한 사람은 저이지만, 실습이므로 알려주지 않겠습니다.

코드를 실행했는데 다음과 같은 출력이 나왔습니다. 매번 똑같지는 않으니 여러분도 꼭 실행해 동작을 확인해 보기 바랍니다. 굵은 글씨는 플레이어의 입력입니다.

```
숫자 맞추기 게임에 오신 것을 환영합니다!
1부터 100까지의 숫자를 맞혀 주세요.
예상하는 수를 입력하십시오: 30
더 작은 숫자입니다.
예상하는 수를 입력하십시오: 10
더 큰 숫자입니다.
예상하는 수를 입력하십시오: 18
더 큰 숫자입니다.
예상하는 수를 입력하십시오: 22
더 작은 숫자입니다.
예상하는 수를 입력하십시오: 21
정답입니다! 5번째에 맞혔습니다.
```

지금까지의 자료와 프로그램의 목적에서 입력, 출력을 생각하고 그 사이에 있는 처리를 예상해 봅시다.

우선 입력과 출력은 다음과 같습니다.

입력: 1부터 100까지의 숫자(정수)
출력: 입력한 값이 답과 일치하면 정답
일치하지 않으면 입력한 값이 답보다 큰지, 작은지

이러한 점에서 처리는 다음과 같은 과정을 거치고 있다고 추측됩니다.

1. 무작위로 숫자를 정하기
2. 숫자를 입력하게 하기
3. 정답을 판정하기
4. 그 결과에 따라 메시지를 표시하기

게다가 출력된 메시지와 그 순서로 처리를 생각해 보면 좀 더 자세하게 4단계로 나눌 수 있습니다.

**1단계** 게임의 규칙을 표시한다.

```
숫자 맞추기 게임에 오신 것을 환영합니다!
1부터 100까지의 숫자를 맞혀 주세요.
```

**2단계** 플레이어가 예상한 수를 입력한다.

```
예상하는 수를 입력하십시오: (이에 대해 30을 입력)
```

**3단계** 정답을 판정해 결과와 힌트를 표시한다.

```
더 작은 숫자입니다.
```

**4단계** 정답을 맞출 때까지 2단계와 3단계를 반복한다.

```
예상하는 수를 입력하십시오: (이에 대해 10을 입력)
더 큰 숫자입니다.
예상하는 수를 입력하십시오: (이에 대해 18을 입력)
더 큰 숫자입니다.
예상하는 수를 입력하십시오: (이에 대해 22을 입력)
더 작은 숫자입니다.
예상하는 수를 입력하십시오: (이에 대해 21을 입력)
```

플레이어의 입력과 정답 판정을 반복하며 정답에 도달합니다. 따라서 정답을 맞추는 3단계에서는 후반부의 처리가 있고, 실행 예시에서 21을 입력함으로써 다음과 같이 출력됩니다.

```
정답입니다! 5번째에 맞혔습니다.
```

이 순서가 처리의 구체적인 내용이라고 추측할 수 있습니다.

1. 게임의 규칙을 표시한다.
2. 플레이어가 예상한 수를 입력한다.
3. 정답을 판정해 결과와 힌트를 표시한다.
4. 정답을 맞출 때까지 **2**와 **3**을 반복한다.

실제로 프로그램을 읽기 전에, 이 정도로 조사하거나 예측해 두기를 추천합니다.

## 프로그램 읽기

전체 과정을 어느 정도 짐작했으니, 이제 프로그램을 살펴봅시다.

**코드 6-1 숫자 맞추기 게임 프로그램**

```
import random


def main():
    print("숫자 맞추기 게임에 오신 것을 환영합니다!")
    print("1부터 100까지의 숫자를 맞혀 주세요.")


    # 무작위로 1부터 100까지의 수를 고른다
    number_to_guess = random.randint(1, 100)
    attempts = 0


    while True:
        # 플레이어에게 수를 입력시킨다
        guess = int(input("예상하는 수를 입력하십시오: "))
        attempts += 1


        # 입력된 수가 정답인지 판정
        if guess < number_to_guess:
            print("더 큰 숫자입니다.")
```

```
23          elif guess > number_to_guess:
24              print("더 작은 숫자입니다.")
25          else:
26              print(f"정답입니다! {attempts}번째에 맞혔습니다.")
27              break
28
29
30 if __name__ == "__main__":
31     main()
```

처음에 찾을 것은 메인 부분입니다. 코드 6-1에는 main() 함수가 정의되어 있습니다. 여기가 이 프로그램의 메인 부분이라고 생각하고 여기서부터 읽어야 합니다. 구체적으로는 4번째 줄부터 읽으면 될 것 같습니다.

```
04 def main():
05     print("숫자 맞추기 게임에 오신 것을 환영합니다!")
```

프로그램 전체의 처리를 다음처럼 추측했습니다.

- 무작위로 숫자를 정하기
- 숫자를 입력하게 하기
- 정답을 판정하기
- 그 결과에 따라 메시지를 표시하기

여기서 무작위로 숫자를 정하는 곳을 찾았습니다. 그랬더니 다음 부분이 해당 코드 같습니다.

```
10     number_to_guess = random.randint(1, 100)
```

다음 처리인 플레이어에게 숫자를 입력 받는 부분은 다음 부분이 해당 코드 같습니다.

```
        guess = int(input("예상하는 수를 입력하십시오: "))
        attempts += 1
```

정답을 판정하는 곳과 그 결과에 따라 출력을 하는 곳은 다음일 것 같습니다.

```
        if guess < number_to_guess:
            print("더 큰 숫자입니다.")
        elif guess > number_to_guess:
            print("더 작은 숫자입니다.")
        else:
            print(f"정답입니다! {attempts}번째에 맞혔습니다.")
```

이제 변수를 읽고 따라가면 규칙을 변경할 수도 있을 것 같습니다.

사실 30줄 정도의 프로그램을 읽을 때는 이렇게 세세하게 단계를 밟을 필요가 없습니다. 처음부터 프로그램을 읽는 것이 더 빠르다는 사람도 많을 것입니다. 다만 프로그램을 읽을 때는 머릿속에서 이러한 방식으로 생각하면서 읽습니다. 머릿속의 과정을 보이는 형태로 표현하자면 여기에 쓴 것과 같은 단계가 되는 것입니다.

CODE READING

## 6.2 사람 대 컴퓨터의 삼목

다음 프로그램을 읽어 봅시다. 이번에는 삼목입니다. 혹시 삼목을 해본 적 없나요? 해본 적이 있는지에 따라 프로그램의 이해도가 확연히 달라집니다.

초등학교 때 운동장에 손가락으로 가로세로 줄을 긋고 친구들과 놀았던 기억이 납니다. 서로 게임에 익숙해지면 정석이 되는 절차가 정해져 버려서 승부가 나지 않게 되는 게임입니다.

❤ 그림 6-1 삼목에서 승부가 결정된 때

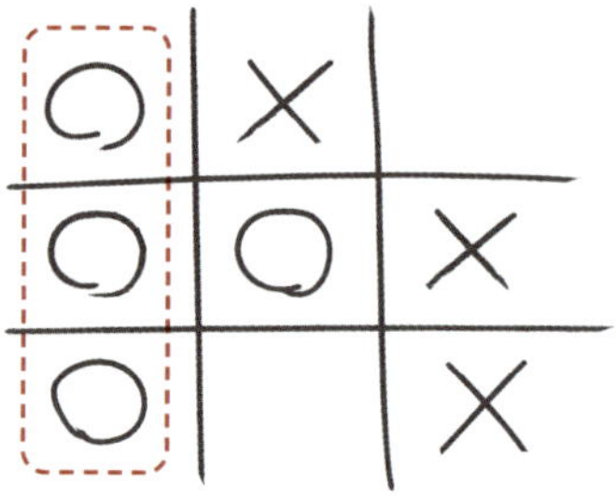

만약 삼목을 모른다면 놀이 방법을 검색해 규칙이나 순서를 미리 알아 두세요. 이것도 프로그램을 읽기 전에 해야 할 준비 중 하나입니다.

삼목에서는 두 종류의 프로그램을 준비했습니다. 하나는 제가 작성한 '사람 대 컴퓨터의 삼목'이고, 다른 하나는 제가 강사로 있는 프로그래밍 교실의 학생이 만든 '사람 대 사람의 삼목'입니다.

'사람 대 컴퓨터'와 '사람 대 사람'이라고 하는 대전 방식의 차이, 30년과 2년의 프로그래밍 경력 차이가 어떻게 프로그램의 차이로 나타날지 상상하면서 프로그램을 읽어 보기 바랍니다.

## 프로그램 읽기 전에 추측하기

우선은 '사람 대 컴퓨터'의 삼목 프로그램입니다. 사람과 컴퓨터가 한 칸씩 선택하고, 먼저 한 줄을 완성하면 이기는 게임입니다.

### 프로그램의 목적

3행 3열로 늘어선 칸을 준비합니다. 사람과 컴퓨터가 교대로 칸을 선택하고, 선공이 ○, 후공이 X를 입력합니다. 먼저 가로, 세로 혹은 대각선으로 3개의 칸을 자신의 기호로 맞추는 쪽을 승리로 판정합니다.

### 외부 사양

가로, 세로로 2개씩 선을 긋고 다음과 같은 칸 9개를 만듭니다.

```
1 | 2 | 3
- + - + -
4 | 5 | 6
- + - + -
7 | 8 | 9
```

각 칸에는 1부터 9까지의 번호를 표시합니다. 플레이어 또는 컴퓨터는 이 번호로 선택할 칸을 지정합니다. 선공이 선택한 곳을 ○로, 후공이 선택한 곳을 X로 바꿉니다. 각각 한 수씩 선택한 곳의 화면 예시는 다음과 같습니다.

```
1 | 2 | ○
- + - + -
4 | X | 6
- + - + -
7 | 8 | 9
```

가로, 세로, 대각선 어느 방향이라도 상관없기 때문에 ○ 혹은 X가 한 줄로 3개가 연속되면 나열한 쪽이 승리가 됩니다. 예를 들어 다음과 같은 경우입니다.

```
○ | X | ○
- + - + -
4 | X | ○
- + - + -
7 | X | 9
```

### 상세 설계

이 정도 규모의 작은 프로그램이라면 없어도 된다고 생각해 생략했습니다.

### 코드의 실행 결과

프로그램을 실행하면 다음과 같습니다. 굵은 글씨는 프로그램의 프롬프트에 대한 플레이어의 입력입니다.

처음에 선공인지 후공인지를 물을 수 있습니다. 거기에 응답하면 게임이 시작됩니다. 조금 길지만, 실행한 결과를 봐 주세요.

```
선공(○) 후공(X)을 결정합니다.
0이나 1을 입력하십시오. 1
선공은 0입니다.
당신은 후공입니다.
{0: '-', 1: 'X', -1: '○'}

1 | 2 | 3
- + - + -
4 | 5 | 6
- + - + -
7 | 8 | 9


컴퓨터는 3을 선택했습니다.


= = = = =
1 | 2 | ○
- + - + -
4 | 5 | 6
- + - + -
7 | 8 | 9
= = = = =


표시된 번호 중 하나를 입력하십시오.
5


= = = = =
```

```
1 | 2 | ○
- + - + -
4 | X | 6
- + - + -
7 | 8 | 9
= = = = =
```

```
컴퓨터는 1을 선택했습니다.
```

```
= = = = =
○ | 2 | ○
- + - + -
4 | X | 6
- + - + -
7 | 8 | 9
= = = = =
```

```
표시된 번호 중 하나를 입력하십시오.
```
**2**

```
= = = = =
○ | X | ○
- + - + -
4 | X | 6
- + - + -
7 | 8 | 9
= = = = =
```

```
컴퓨터는 6을 선택했습니다.
```

```
= = = = =
○ | X | ○
- + - + -
```

```
4 | X | ○
- + - + -
7 | 8 | 9
= = = = =
```

```
표시된 번호 중 하나를 입력하십시오.
8
```

```
= = = = =
○ | X | ○
- + - + -
4 | X | ○
- + - + -
7 | X | 9
= = = = =
```

```
당신의 승리
```

그럼 지금까지의 정보를 바탕으로 프로그램의 입력과 출력, 처리를 상상해 봅시다.

프로그램의 목적은 삼목입니다. 3×3의 칸을 컴퓨터와 플레이어가 교대로 하나씩 선택하면서 먼저 가로, 세로, 대각선 중 하나의 방향으로 똑바로 늘어선 세 칸을 완성하면 승리합니다.

프로그램을 실행한 결과에서 입력과 출력이 다음과 같다는 것을 알았습니다.

> 입력: 선택한 칸의 위치를 나타내는 1부터 9까지의 숫자
> 출력: 플레이어의 기호가 먼저 일직선으로 세 칸을 만들면 '당신의 승리'

이로 미루어 볼 때 프로그램의 처리는 다음과 같을까요?

1. 선공, 후공을 정한다.
2. 선공이 칸을 하나 정한다.
3. 후공이 칸을 하나 정한다.
4. 어느 한 쪽이 세 칸으로 한 줄을 만들 때까지 **3**과 **4**를 반복한다.
5. 세 칸으로 한 줄을 만들면 결과를 출력한다.

## 프로그램 읽기

여기까지 조사하고 예측한 후 프로그램을 읽어 보겠습니다. 삼목 프로그램은 다음과 같습니다.

**코드 6-2 사람 대 컴퓨터의 삼목(sammok1.py)**

```
import random
import math


first = "○"
second = "X"
mark = {0 : " - ", 1 : "", -1 : ""}
# 1 : 플레이어, -1 : 컴퓨터


field = [[0, 0, 0], [0, 0, 0], [0, 0, 0]]
input_number = ["1", "2", "3", "4", "5", "6", "7", "8", "9"]


def decide_first_attack():
    print("선공(○) 후공(X)을 결정합니다.")
    choice = int(input("0이나 1을 입력하십시오. "))
    first_attack = random.randint(0, 1)


    print("선공은 " + str(first_attack) + "입니다.")

```

```
    if choice == first_attack:
        print("당신은 선공입니다.")
        mark[1] = first
        mark[-1] = second
    else:
        print("당신은 후공입니다.")
        mark[1] = second
        mark[-1] = first


    print(mark)


def print_field():
    str_line = ""


    print("")
    print("=====")
    for i in range(3):
        for j in range(3):
            if field[i][j] == 0:
                str_line += input_number[i * 3 + j]
            else:
                str_line += mark[field[i][j]]
            if j < 2:
                str_line += "¦"
        print(str_line)
        str_line = ""
        if i < 2:
            print("-+-+-")
    print("=====")
    print("")


def input_player(turn):
    print("표시된 번호 중 하나를 입력하십시오.")
    while (True):
```

```
        input_str = input("")
        if input_str.isdigit():
            input_int = int(input_str)
            if input_int >= 1 and input_int <= 9:
                row = math.floor((input_int - 1) / 3)
                col = (input_int - 1) % 3
                if field[row][col] == 0:
                    field[row][col] = 1
                    break
        print("")
        print("다시 한 번, 표시된 번호 중 하나를 입력하십시오.")




def input_computer(turn):
    while (True):
        row = random.randint(0, 2)
        col = random.randint(0, 2)
        if field[row][col] == 0:
            print("컴퓨터는 " + str(row * 3 + col + 1) + "을 선택했습니다." )
            field[row][col] = -1
            break


def check_winner(player_number):
    win = False
    for i in range(3):
        if sum(field[i]) == player_number * 3:
            win = True
            break
    if win == False:
        for j in range(3):
            if field[0][j] + field[1][j] + field[2][j] == player_number * 3:
                win = True
                break
    if win == False:
```

```
        if field[0][0] + field[1][1] + field[2][2] == player_number * 3:
            win = True
        elif field[2][0] + field[1][1] + field[0][2] == player_number * 3:
            win = True


    return win


def field_full():
    is_full = True
    for i in range(3):
        for j in range(3):
            if field[i][j] == 0:
                is_full = False
    return is_full


decide_first_attack()
print_field()


finish = False
turn = first
while (finish == False):


    if mark[1] == turn:
        input_player(turn)
        print_field()
        if check_winner(1) == True:
            print("당신의 승리")
            finish = True
    else:
        input_computer(turn)
        print_field()
        if check_winner(-1):
            print("당신의 패배")
```

```
            finish = True


    if finish == False and field_full() == True:
        print("무승부")
        finish = True


    if turn == first:
        turn = second
    else:
        turn = first
```

그럼 메인 부분을 읽어 볼까요? 단, 이 프로그램은 main() 함수가 없습니다. 이 경우, 들여 쓰지 않은 줄 중에서 다음에 해당하는 줄을 찾아 갑니다.

- 함수나 클래스를 선언하는 줄이 아니다.
- 글로벌 변수를 정의하는 줄이 아니다.
- 모듈을 가져오는 구문이 아니다.

그 안에 메인 부분의 앞부분이 반드시 있습니다. 일단은 이 시각으로 프로그램을 봐주세요.

어떤가요? 찾았나요? 코드 6-2의 메인 부분은 다음 코드입니다.

```
decide_first_attack()
print_field()


finish = False
turn = first
while (finish == False):


    if mark[1] == turn:
```

```
        input_player(turn)
        print_field()
        if check_winner(1) == True:
            print("당신의 승리")
            finish = True
    else:
        input_computer(turn)
        print_field()
        if check_winner(-1):
            print("당신의 패배")
            finish = True


    if finish == False and field_full() == True:
        print("무승부")
        finish = True


    if turn == first:
        turn = second
    else:
        turn = first
```

이 메인 부분에서 어떻게 처리되는지 살펴봅시다. 앞에서 추측했던 것을 생각하면 먼저 **1. 선공, 후공을 정한다** 처리가 어디인지 찾아봅시다.

아마 다음 코드일 것 같습니다.

```
decide_first_attack()
```

다음은 **2. 선공이 칸을 하나 정한다**인데 이것은 **3. 후공이 칸을 하나 정한다**와 공통되므로 정리해 기술했을 수도 있습니다. 그래서 '칸을 정하는 처리'를 할 것 같은 곳을 찾습니다.

그러면 다음 코드를 예상할 수 있습니다.

```
    if mark[1] == turn:
        input_player(turn)
        print_field()
  (중략)
    else:
        input_computer(turn)
        print_field()
```

호출하는 함수명이 input_player와 input_computer, print_field로 되어 있는 것부터, ○나 X를 입력으로 받아 각각을 배치한 상태를 출력하는 것이라고 추측할 수 있었기 때문입니다.

**4. 어느 한 쪽이 세 칸으로 한 줄을 만들 때까지 3과 4를 반복한다**와 **5. 세 칸으로 한 줄을 만들면 결과를 출력한다**는 다음 코드로 승패의 판단과 결과의 표시를 한다고 생각할 수 있습니다.

```
        if check_winner(1) == True:
            print("당신의 승리")
            finish = True
  (중략)
        if check_winner(-1):
            print("당신의 패배")
            finish = True
```

check_winner라는 이름의 함수를 호출하는 것으로 보아 승패를 판정하는 함수일 것이라고 추측할 수 있기 때문입니다. 이것으로 메인 부분의 흐름을 읽었습니다.

### 데이터 구조 읽기

코드 6-1과 달리 글로벌 변수도 많이 있습니다. 이것도 정리해 둡시다. 데이터 구조 읽기는 글로벌 변수를 따라가는 것이라고 생각해도 됩니다.

글로벌 변수는 5번째 줄부터 5가지가 초기화되어 있습니다.

```
05 first = "○"
06 second = "X"
07 mark = {0 : " - ", 1 : "", -1 : ""}
08 # 1 : 플레이어, -1 : 컴퓨터
09
10
11 field = [[0, 0, 0], [0, 0, 0], [0, 0, 0]]
12 input_number = ["1", "2", "3", "4", "5", "6", "7", "8", "9"]
```

프로그램을 작성한 저는 설명할 수 있지만, 여기서 제가 그대로 설명하는 것은 적절하지 않습니다. 이와 더불어 상세 설계에 관한 정보가 없는 상태에서는 이것만으로 각 글로벌 함수의 의미나 목적을 정확하게 읽기는 어려울 것입니다.

그러면 변수명이나 초기화일 때의 값으로 최대한 예측해 보겠습니다.

- first: ○이지만 이것만으로는 불명확함(하지만 선공/후공과 관계가 있을까?)
- second: X이지만 이것만으로는 불명확함(이것도 선공/후공과 관계가 있을까?)
- mark: 알 수 없음
- field: ○ 혹은 X를 입력하는 장소일까?
- input_number: 입력 칸을 표시하는 목록이라고 생각해도 좋을 것 같다.

알 수 없는 것은 알 수 없는 상태로 두고, 각각의 변수가 어디에서 대입되는지, 어디에서 참조되는지는 프로그램을 좀 더 읽어 봐야 알 수 있을 것 같습니다. 그래서 전체적인 파악은 여기까지 하고, 프로그램의 세부 사항에 눈을 돌려 보겠습니다.

## 각 부분을 해석해 나가기

글로벌 변수에 궁금한 점이 남아 있으니 메인 부분을 분해해 자세히 살펴보겠습니다. 우선 메인 부분에서 첫 번째로 나오는 decide_first_attack() 함수를 읽어 보겠습니다.

**코드 6-3 decide_first_attack() 함수(코드 6-2에서 발췌)**

```
def decide_first_attack():
    print("선공(○) 후공(X)을 결정합니다.")
    choice = int(input("0이나 1을 입력하십시오. "))
    first_attack = random.randint(0, 1)
    print("선공은 " + str(first_attack) + "입니다.")
    if choice == first_attack:
        print("당신은 선공입니다.")
        mark[1] = first
        mark[-1] = second
    else:
        print("당신은 후공입니다.")
        mark[1] = second
        mark[-1] = first
    print(mark)
```

그럼 decide_first_attack() 함수를 입력, 출력 및 처리의 관점에서 읽어 보겠습니다. 다음처럼 해석할 수 있습니다.

> 입력: 0 또는 1(숫자)을 플레이어가 입력
> 출력: 플레이어의 공격 순서(선공인지 후공인지)를 표준 출력 및 mark 변수로 출력

그렇다면 다음과 같이 읽을 수도 있습니다.

> 처리: 입력한 숫자와 무작위로 정한 숫자가 일치하는지 판정하고,
> 일치하면 플레이어를 선공, 일치하지 않으면 후공으로 한다.

여기서 글로벌 변수가 decide_first_attack() 함수 안에서 사용된다는 점에서 착안합니다. 여기서 사용되는 변수는 first, second, mark입니다. 26~27번째 줄과 30~31번째 줄을 보면 mark에 first 혹은 second가 대입되는 것을 알 수 있습니다.

25번째 줄과 29번째 줄을 보면 플레이어가 선공일 경우에는 mark[1]에 first를 대입하고, 후공일 경우에는 second를 대입하고 있으므로 여기서 선공, 후공을 결정해 글로벌 변수 mark에 대입하고 있다고 생각됩니다. mark를 초기화하는 7번째 줄을 다시 보면, 필드에 표시할 기호를 설정하는 딕셔너리인 것 같습니다. 아마 플레이어와 컴퓨터가 선택한 칸을 표시할 때 참조하는 것이라고 예측할 수 있습니다.

글로벌 변수 대부분은 프로그램의 다른 곳에서 각각 업데이트되거나 참조됩니다. 글로벌 변수가 어떤 목적으로, 어떻게 사용되는지 일찍 파악할 수 있다면 이후에 프로그램 읽기가 수월해집니다.

메인 부분을 상세하게 분해해 읽는 것은 여기까지 하겠습니다. 반드시 나머지 함수도 어떤 처리가 되어 있는지 입력과 출력을 따라가면서, 읽기 방식을 실습해 보기 바랍니다.

CODE READING

# 6.3 사람 대 사람의 삼목

삼목 프로그램을 하나 더 읽어 봅시다.

이것은 프로그래밍 교실에 다니는 학생이 작성한 프로그램입니다. 학생의 프로그램 경력은 2년 정도입니다. 코드 6-2와는 대전 방법, 작성자의 프로그래밍 경력이 다릅니다. 그에 따라, 같은 삼목이라고 해도 프로그램을 작성한 방법은 상당히 다릅니다. 그 차이를 느끼면서 프로그램을 읽어 보기 바랍니다.

## 프로그램 읽기 전에 추측하기

프로그램의 목적, 외부 사양은 사람 대 컴퓨터의 삼목과 동일합니다. '사람 대 사람'이므로 구현 부분은 달라지지만, 이쪽도 상세 설계에 대해서는 정보가 없다는 전제로 프로그램을 읽어 봅시다.

### 코드의 실행 결과

그럼 코드를 실행해 봅시다. 실행해 보니 다음과 같이 출력되었습니다. 프로그램의 요구에 따라 플레이어가 입력한 곳은 굵은 글씨로 표시했습니다.

```
OX 게임 스타트!!
어느 쪽이 플레이어 1, 플레이어 2로 할지 결정해 주세요
선공후공을 가위바위보로 결정해 주세요
0:가위, 1:바위, 2:보 1
플레이어 1의 손은 바위
플레이어 2의 손은 가위
플레이어 1이 선공(O)
플레이어 2이 후공(X)
플레이어 1이 승리
```

```
-------------
0 ¦ 1 ¦ 2
-------------
3 ¦ 4 ¦ 5
-------------
6 ¦ 7 ¦ 8
-------------


플레이어 1
선공은 플레이어 1입니다. 어디에 O를 놓겠습니까?(예:0) 0
-------------
O ¦ 1 ¦ 2
-------------
3 ¦ 4 ¦ 5
-------------
6 ¦ 7 ¦ 8
-------------


플레이어 2
후공은 플레이어 2입니다. 어디에 X를 놓겠습니까?(예:0) 5
-------------
O ¦ 1 ¦ 2
-------------
3 ¦ 4 ¦ X
-------------
6 ¦ 7 ¦ 8
-------------


플레이어 1
선공은 플레이어 1입니다. 어디에 O를 놓겠습니까?(예:0) 4
-------------
O ¦ 1 ¦ 2
-------------
3 ¦ O ¦ X
```

```
-----------
6 ¦ 7 ¦ 8
-----------


플레이어 2
후공은 플레이어 2입니다. 어디에 X를 놓겠습니까?(예:0) 8
-----------
0 ¦ 1 ¦ 2
-----------
3 ¦ O ¦ X
-----------
6 ¦ 7 ¦ X
-----------


플레이어 1
선공은 플레이어 1입니다. 어디에 O를 놓겠습니까?(예:0) 2
-----------
0 ¦ 1 ¦ O
-----------
3 ¦ O ¦ X
-----------
6 ¦ 7 ¦ X
-----------


플레이어 2
후공은 플레이어 2입니다. 어디에 X를 놓겠습니까?(예:0) 6
-----------
0 ¦ 1 ¦ O
-----------
3 ¦ O ¦ X
-----------
X ¦ 7 ¦ X
-----------
```

```
플레이어 1
선공은 플레이어 1입니다. 어디에 O를 놓겠습니까?(예:0) 1
―――――――――
O ¦ O ¦ O
―――――――――
3 ¦ O ¦ X
―――――――――
X ¦ 7 ¦ X
―――――――――

O의 승리!
```

이 실행 결과를 바탕으로 프로그램의 입력 · 출력 · 처리를 추측해 봅시다.

먼저 입력과 출력입니다.

입력: ○와 X를 두는 장소를 나타내는 0부터 8까지의 숫자(두 명의 플레이어가 교대로 입력한다)
출력: 선공의 기호가 세 칸을 똑바로 배열하면 ○의 승리!

아마 후공의 플레이어가 이기면 출력은 'X의 승리!'라고 표시되는 것이겠지요.

그러면 처리로서 추측할 수 있는 것은 다음과 같습니다.

1. 선공과 후공을 가위바위보로 정한다.
2. 선공 플레이어가 ○를 두는 위치를 정한다.
3. 후공 플레이어가 X를 두는 위치를 정한다.
4. 둘 중 하나의 기호가 똑바로 세 칸으로 나열될 때까지 **2**와 **3**을 반복한다.
5. 승부가 나면 결과를 출력한다.

보통 삼목인 점은 변하지 않으니 '사람 대 컴퓨터'의 삼목 프로그램인 코드 6-2의 입력 · 출력 · 처리와 매우 비슷합니다.

## 프로그램 읽기

이제 프로그램을 읽어 보겠습니다. 다음 코드입니다.

**코드 6-4 사람 대 사람의 삼목(sammok2.py)**

```
import random
hands = ['가위', '바위', '보']
view = [0,1,2,3,4,5,6,7,8]
results = {'win':'플레이어 1이 승리', 'lose':'플레이어 2이 승리',
'draw':'무승부'}
player = {'player1':'플레이어 1', 'player2':'플레이어 2'}
def start_message():
    print('OX 게임 스타트!!')
    print('어느 쪽이 플레이어 1, 플레이어 2로 할지 결정해 주세요')
    print('선공후공을 가위바위보로 결정해 주세요')
# 선공/후공 결정
def get_my_hand():
    return int(input('0:가위, 1:바위, 2:보'))
def get_you_hand():
    return random.randint(0, 2)
def get_hand_name(hand_number):
    return hands[hand_number]
def view_hand(my_hand, you_hand):
    print('플레이어 1의 손은 ' + get_hand_name(my_hand))
    print('플레이어 2의 손은 ' + get_hand_name(you_hand))
```

```
def get_result(hand_diff):
    if hand_diff == 0:
        print('다시 한번 해주세요')
        return 'draw'
    elif hand_diff == 1 or hand_diff == -2:
        print('플레이어 1이 선공(O)')
        print('플레이어 2이 후공(X)')
        return 'win'
    else:
        print('플레이어 1이 후공(X)')
        print('플레이어 2이 선공(O)')
        return 'lose'


def view_result(result):
    print(results[result])


# 표를 표시
def view_table():
    print('————————')
    for i in range(0, len(view)):
        if(i%3 == 2):
            print(view[i])
            print('————————')
        elif(i%3 == 1):
            print(' ¦ ' + str(view[i]) + ' ¦ ', end='')
        else :
            print(view[i], end='')
    print()


# 플레이어 1이 선공인 경우
def game(choice):
    if(choice == 'O'):
        message = int(input("선공은 플레이어 1입니다. 어디에 O를 놓겠습니까?(예:0) "))
    elif(choice == 'X'):
```

```
        message = int(input("후공은 플레이어 2입니다. 어디에 X를 놓겠습니까?(예:0) "))

        if(view[message] == 'O' or view[message] == 'X'):
            game(choice)

        else:
            view[message] = choice

# 플레이어 2가 선공인 경우
def game2(choice):
    if(choice == 'O'):
        message = int(input("선공은 플레이어 2입니다. 어디에 O를 놓겠습니까?(예:0) "))
    elif(choice == 'X'):
        message = int(input("후공은 플레이어 1입니다. 어디에 X를 놓겠습니까?(예:0) "))

    if(view[message] == 'O' or view[message] == 'X'):
        game(choice)

    else:
        view[message] = choice

def judgement():
    # 세로의 승리 패턴
    if view[0] == view[1] == view[2]:
        return view[0]

    if view[3] == view[4] == view[5]:
        return view[3]
```

```
    if view[6] == view[7] == view[8]:
        return view[6]


    # 가로의 승리 패턴
    if view[0] == view[3] == view[6]:
        return view[0]


    if view[1] == view[4] == view[7]:
        return view[1]


    if view[2] == view[5] == view[8]:
        return view[2]


    # 대각선의 승리 패턴
    if view[0] == view[4] == view[8]:
        return view[0]


    if view[2] == view[4] == view[6]:
        return view[2]


    else:
        return None


def play():
    # 가위바위보 선공/후공 결정
    my_hand = get_my_hand()
    you_hand = get_you_hand()
    hand_diff = my_hand - you_hand


    view_hand(my_hand, you_hand)
```

```
result = get_result(hand_diff)
view_result(result)
# 비기는 경우
if result == 'draw':
    play()


# 이것으로부터 아래가 OX 게임 실행
if result == 'win':
    view_table()
    for i in range(0,9):
        if(i %2 == 0) :  # 플레이어 1 선공
            print('플레이어 1')
            game('O')
        else:  # 플레이어 2 후공
            print('플레이어 2')
            game("X")
        view_table()


        if judgement():  # 승패 판정
            print(judgement() + '의 승리!')
            break


        if i == 8:  # 비김
            print('비김')
            break


if result == 'lose':
    view_table()
    for i in range(0,9):
        if(i %2 == 0) :  # 플레이어 2 선공
            print('플레이어 2')
            game2('O')
        else:  # 플레이어 1 후공
            print('플레이어 1')
            game2("X")
```

```
185         view_table()
186
187
188         if judgement():  # 승패 판정
189             print(judgement() + '의 승리!')
190             break
191
192
193         if i == 8:  # 비김
194             print('비김')
195             break
196
197
198 start_message()
199 play()
```

처음에는 메인 부분을 찾습니다. 이 프로그램에도 main() 함수는 없으므로 들여 쓰지 않은 실행문을 대상으로 그럴듯한 부분을 찾아봅니다. 그러면 프로그램 마지막의 부분이 메인 부분이라는 것을 알 수 있습니다.

```
198 start_message()
199 play()
```

다만 start_message() 함수를 보면 게임 시작 시 나타나는 메시지를 표시하는 것 같습니다. 실질적인 메인 부분은 play() 함수라고 해도 될 것 같습니다.

그러면 138번째 줄에서 시작하는 play() 함수를 보겠습니다. 먼저, 처리를 추측했을 때 **1. 선공과 후공을 가위바위보로 정한다**를 찾습니다. 주석을 참고하면 139번째 줄에서 시작하는 코드가 가위바위보로 공격 순서를 정하는 것 같습니다.

```
139     # 가위바위보 선공/후공 결정
140     my_hand = get_my_hand()
141     you_hand = get_you_hand()
142     hand_diff = my_hand - you_hand
```

```
    view_hand(my_hand, you_hand)
    result = get_result(hand_diff)
    view_result(result)
    # 비기는 경우
    if result == 'draw':
        play()
```

그다음 선공이 ○, 후공이 X를 입력하는 부분은 플레이어 1이 가위바위보를 이기고 선공이 된 경우와 후공이 된 경우로 나누어져 있었습니다. 가위바위보를 이겼는지 졌는지는 다음 코드로 판단합니다.

```
    # 이것으로부터 아래가 OX 게임 실행
    if result == 'win':
```

**2. 선공 플레이어가 ○를 두는 위치를 정한다**는 다음에 해당합니다.

```
            if(i %2 == 0) :  # 플레이어 1 선공
                print('플레이어 1')
                game('O')
```

**3. 후공 플레이어가 X를 두는 위치를 정한다**는 다음 코드에 해당합니다.

```
            else:  # 플레이어 2 후공
                print('플레이어 2')
                game("X")
```

**4. 둘 중 하나의 기호가 똑바로 세 칸으로 나열될 때까지 2와 3을 반복한다**는 최대 총 9칸이 채워질 때까지 반복합니다.

```
        for i in range(0,9):
```

그중 어느 한쪽이 세 칸을 모았을 때 다음과 같은 처리를 수행합니다.

```
166         if judgement():  # 승패 판정
167             print(judgement() + '의 승리!')
168             break
```

승부가 결정되면 156번째 줄에서 반복문을 종료하도록 구현되어 있습니다.

한편, 마지막까지 어느 기호도 갖추지 못한 경우에는 다음 코드로 승부가 나지 않았다고 보고 '비김'이라고 표시됩니다.

```
171         if i == 8:  # 비김
172             print('비김')
173             break
```

이 프로그램의 경우, 삼목 게임을 프로그램화했던 것이므로 실제로 게임할 때의 흐름, 순서가 프로그램에 반영돼 있습니다. 그런 점에서 읽기 쉬운 프로그램, 사전에 상상했던 것에 가까운 프로그램이라고 할 수 있겠습니다.

## 데이터 구조 읽기

앞에서도 언급했지만 데이터 구조를 읽는다는 것은 글로벌 변수를 따라간다는 의미입니다. 코드 6-4에서는 다음 글로벌 변수를 사용합니다.

```
04 hands = ['가위', '바위', '보']
05 view = [0,1,2,3,4,5,6,7,8]
06 results = {'win':'플레이어 1이 승리', 'lose':'플레이어 2이 승리',
'draw':'무승부'}
07 player = {'player1':'플레이어 1', 'player2':'플레이어 2'}
```

변수명과 초기값을 통해서 각 변수의 역할과 내용을 상당히 정확하게 예측할 수 있습니다.

hands는 가위바위보의 손이므로 처음에 선공과 후공을 결정할 때 사용하는 것이 아닐까요?

view는 0에서 8까지의 정수 리스트이기 때문에 자신이 선택하는 칸을 지정하는 값, ○ 혹은 X의 기호를 배치하는 위치에서 사용될 것 같습니다.

player는 player1과 player2가 키인 딕셔너리입니다. 이것은 무엇에 사용하는 것일까요? 아마 플레이어 이름을 등록할 수 있다고 예상할 수도 있겠네요.

변수명과 초기값에서 이 정도는 예상할 수 있지만, 이 단계에서는 단정할 수 없습니다. 각각을 정확하게 따라가려면 각 변수가 어디서 어떻게 참조되는지 혹은 고쳐 쓰고 있는지를 읽어야 합니다. 이를 위해 프로그램의 세부 사항을 따라가는 수밖에 없습니다.

## 부분, 부분 해석해 나가기

프로그램 설계를 파악하는 것이 프로그램을 읽는 목적입니다. 어떤 부분을 어느 정도까지 세부적으로 읽어 갈지는 프로그램을 읽고 무엇을 하느냐에 따라 달라집니다. 그래서 여기서는 글로벌 변수 중에서 도무지 상상할 수 없었던 player가 어떻게 사용되는지를 밝히는 데까지 읽어 보겠습니다. 여러분도 코드 6-4를 읽으면서 이 프로그램에서 player가 수행하는 역할을 명확히 파악하기 바랍니다.

그 이외의 부분에 대해서는 생략하겠습니다. 여러분은 이 프로그램을 더 기능을 강화한다든지, 다른 방식으로 리팩터링을 해보는 등의 목표를 세우고 그에 따라 읽어 가기 바랍니다.

그럼 player로 돌아가 보겠습니다.

프로그램 안에서 이 변수를 사용하는 곳을 찾아보니 이 변수에 어떤 값을 대입하는 곳도 없고, 참조하는 곳도 없었습니다. 즉, player는 사용되지 않는 글로벌 변수였습니다 프로그래밍 초기 단계에서는 아마도 사용할 생각이었을 것입니다. 그것이 프로그램을 만드는 과정에서 필요 없게 되어 버렸는데, 그대로 두었는지 아니면 처음에는 사용하다가 수정할 때 사용하지 않게 되었는데 삭제하는 것을 잊어버렸던 것인지는 알 수 없습니다.

어느 쪽이든 프로그램을 작성할 때는 불필요한 변수가 남는 일이 종종 있습니다. 이 프로그램을 읽을 때는 player 변수는 건너뛰어도 괜찮다는 것을 알게 되었습니다. 그렇게 생각하면 안심이 되지만, 괜찮다고 판단하기까지 상당한 노력이 필요합니다. 여러분이 코드를 작성할 때는 이런 불필요한 변수를 남기지 않았으면 합니다.

다음은 부분별로 해당하는 함수를 읽거나 변수에 대해 대입하거나 참조하는 등의 코드를 읽어 나가는 것으로, 프로그램을 읽어 보겠습니다.

같은 목적, 기능을 제공하는 프로그램이더라도 그것을 구현하는 프로그래머에 따라 최종 코드는 천차만별입니다. 비슷한 목적의 프로그램을 읽을 때도 실제로는 각각의 프로그램마다 각 프로그래머가 어떻게 생각하고 프로그램을 이렇게 작성했는지를 읽도록 합시다.

# 7장

# 파이썬의 모듈 읽기

이번 장에서는 파이썬 모듈을 다룹니다. 여러분도 자주 사용하는 프로그램을 읽어 보기 바랍니다.

'파이썬의 모듈 자체를 읽는다고?'라고 의아하게 생각할 수도 있습니다. 하지만 이번 장을 할애해 파이썬 모듈을 다루는 데는 두 가지 이유가 있습니다.

첫 번째는 파이썬과 같이 오픈소스로 공개돼 여러 프로그래머의 협력으로 만들어져 자주 갱신되는 프로그램에는 높은 가독성이나 유지보수성이 요구됩니다. 읽기 어렵고, 수정하기 어려운 프로그램은 그러한 환경에 적합하지 않습니다. 필연적으로 파이썬 모듈은 일정 수준 이상의 좋은 코드일 가능성이 높습니다.

물론, 그러한 활동에 참여하는 프로그래머가 상당히 수준 높다는 점도 주목할 만합니다. 그 결과, 이러한 모듈은 '읽기 쉬운 프로그램'이 무엇인지 체감하기에 최적입니다. '이럴 때는 이렇게 쓰면 되는구나'라는 배움을 얻을 수 있다는 점에서 파이썬 모듈 읽기를 추천합니다.

또 다른 이유로, 내가 자주 사용하는 모듈의 동작을 알면 그 모듈을 잘 사용하는 요령을 알 수 있습니다. 물론 모듈 대부분은 사용법이 공식 문서로 있고 많은 프로그래머에 의해 다양한 사용법이 공개되고 있습니다. 하지만 그러한 문서에는 모든 것이 적혀 있지는 않습니다. 어쩌면 자신이 가진 '이럴 때는 어떻게 될까'와 같은 의문에 직접 대답해 주는 문서를 찾지 못할 수도 있습니다.

그럴 때 프로그램 자체가 가장 확실하고 정확한 답을 제공합니다. 이런 입력에 대해서 이런 처리를 하니까, 이런 출력을 얻을 수 있는지를 스스로 확인할 수 있는 것이 모듈의 소스 코드입니다.

이 장에서는 모듈 두 개를 다룹니다. 첫 번째로 실습으로 읽는 것은 random 모듈의 randrange() 함수입니다. 지정한 범위에서 무작위로 숫자를 얻고 싶을 때 사용합니다.

다음은 calendar 모듈의 month() 함수입니다. 지정한 연월 달력을 표시하는 함수입니다.

앞 장과 마찬가지로 각각의 프로그램에 대해서 목적, 외부 사양이나 상세 설계 등의 정보, 프로그램 본문, 자신이 읽을 때의 순서로 써 나갑니다. 소스 코드의 조사 방법도 가볍게 다룰 테니 꼭 자신의 PC에서도 소스 코드를 열어 이 책에서 다루지 않은 부분도 읽어 보기 바랍니다.

다시 말하지만, 파이썬의 모듈은 실력이 뛰어난 프로그래머가 많이 참여해 프로그램을 쓰고 있습니다. 파이썬으로 프로그램을 작성할 때 확실히 좋은 모범 사례입니다. 꼭 한번 읽어 보기 바랍니다.

CODE READING

# 7.1 random 모듈의 randrange() 함수

random은 업무 프로그램에서는 그다지 사용되지 않는 모듈일 수도 있지만, 프로그래밍을 학습할 때는 자주 나오는 모듈입니다. 여러분도 분명 사용한 적이 있을 것입니다.

참고로 파이썬 모듈에 대해서는 다음 프로그램을 실행하면 소스 코드를 볼 수 있습니다. 이 경우 미리 파이썬 환경에 대상 모듈이 설치돼 있어야 합니다. 다음 프로그램은 random 모듈의 randrange() 함수가 대상입니다. random, inspect는 모두 파이썬의 표준 모듈이므로 따로 설치하지 않아도 됩니다.

**코드 7-1 파이썬 모듈의 소스 코드를 표시하는 프로그램(random 모듈의 randrange() 함수의 경우)**

```
import inspect
import random


# 소스를 표시한다
print(inspect.getsource(random.randrange))
```

이 프로그램을 실행하면 randrange() 함수를 정의한 40번째 줄[1]의 코드가 표시됩니다. 이 코드를 나중에 참조하겠습니다.

## 프로그램을 읽기 전에 추측하기

### 프로그램의 목적

randrange() 함수는 지정한 범위에서 무작위로 정수를 생성하는 함수입니다.

### 공식 문서

외부 사양이나 상세 설계서 대신 공식 문서를 참조해 주세요. 공식 문서의 URL은 다음과 같습니다.

URL https://docs.python.org/ko/3/library/random.html

이 문서에 따르면 random.randrange() 함수의 구문은 다음과 같고 start, stop, step으로 지정한 값을 바탕으로, 무작위로 선택된 요소를 반환합니다.

```
random.randrange(start, stop[, step])
```

### 프로그램의 실행 결과

파이썬 모듈에 대해서는 프로그램을 작성한 사람에게 직접 물어볼 수 없습니다. 개발자 커뮤니티가 많지만, 이런 곳이 기본적인 설계나 동작에 대해 질문하는 자리는 아니기 때문입니다.

그래도 문서를 참조할 수 있다는 것을 알게 되었으니 다음 단계로 넘어가 봅시다. randrange() 함수의 설계에 대해 예상해 봅시다.

1 역주 파이썬 버전 3.12 기준입니다.

실행할 때는 인수를 조금씩 바꾸면서 어떤 패턴인지 시험해 보겠습니다. 공식 문서에는 인수를 전달하는 방법 세 가지가 제시되어 있습니다. 인수가 1개인 경우, 2개인 경우, 3개인 경우입니다. 이들을 한 번에 시도하는 프로그램을 만들어서 동작을 확인합니다.

**코드 7-2 randrange() 함수의 동작 확인용 프로그램**

```
import random


print("인수 1개")
for i in range(10):
    print(random.randrange(5))


print("인수 2개")
for i in range(10):
    print(random.randrange(5, 10))


print("인수 3개")
for i in range(10):
    print(random.randrange(1, 10, 3))
```

어떤 인수 패턴이든 각각 같은 인수로 randrange() 함수를 10회씩 실행합니다. 인수가 1개인 경우는 5, 2개의 경우에는 5와 10, 3개의 경우에는 1, 10, 3을 지정했습니다. 이 프로그램을 실행하면 다음과 같이 출력됩니다.

```
인수 1개
3
4
0
3
0
0
1
```

```
2
1
1
인수 2개
9
5
5
5
7
9
8
6
7
5
인수 3개
4
1
1
7
4
7
1
1
4
7
```

지금까지의 정보를 통해 randrange() 함수의 입력 · 처리 · 출력을 추측해 봅시다. 이를 위해 코드의 실행 결과를 살펴봅시다.

인수가 하나일 때는 다음과 같을 것 같습니다.

입력: 정수(코드 7-2의 경우는 5)
출력: 0 이상에서 입력한 값 미만의 무작위 정수
처리: 무작위 정수를 반환 값으로 반환한다.

따라서 다음 코드를 수행함으로써 0부터 4까지 중 하나의 정수가 반환된다고 생각할 수 있습니다.

```
random.randrange(5)
```

인수가 2개일 때는 다음처럼 정리할 수 있습니다.

입력: 정수 2개(코드 7-2의 경우는 5, 10)
출력: 첫째 인수 이상, 둘째 인수 미만의 무작위 정수
처리: 무작위 정수를 반환 값으로 반환한다.

이를 위해 다음 코드를 실행해 보면 5부터 9까지 중 하나의 정수가 반환되는 것을 알 수 있습니다.

```
random.randrange(5, 10)
```

인수가 3개인 경우도 추측해 보겠습니다. 입력 · 출력 · 처리는 각각 다음과 같습니다.

입력: 정수 3개
출력: 첫째 인수 이상, 둘째 인수 미만의 범위에서 첫째 인수에서 셋째 인수로 지정한 수만큼 건너뛰는 무작위 정수
처리: 무작위 정수를 정해 반환 값으로 반환한다.

따라서 다음을 실행하면 결과가 1, 4, 7 중 하나일 것입니다.

```
random.randrange(1, 10, 3)
```

## 프로그램 읽기

지금까지 추측했으니 이제 randrange() 함수를 정의한 코드를 살펴보겠습니다.

**코드 7-3 randrange() 함수의 소스 코드**

```
def randrange(self, start, stop=None, step=_ONE):
    """range(stop) 또는 range(start, stop[, step])에서 임의의 항목을 선택한다

    choice(range(start, stop, step))와 거의 같지만
    임의로 큰 범위를 지원하며 일반적인 경우에 최적화되어 있다

    """

    # 이 코드는 일반적인 경우에 빠르게 동작하도록 하면서
    # 적절한 오류 검사를 수행하기 위해 다소 복잡하게 작성되었다
    istart = _index(start)
    if stop is None:
        # "step != 1"을 확인하지 않는 이유는
        # 아직 타입 검사가 수행되지 않았고 정수로 변환되지 않았기 때문이다
        if step is not _ONE:
            raise TypeError("Missing a non-None stop argument")
        if istart > 0:
            return self._randbelow(istart)
        raise ValueError("empty range for randrange()")

    # Stop 인수가 제공됨
    istop = _index(stop)
    width = istop - istart
    istep = _index(step)
    # 빠른 경로
    if istep == 1:
        if width > 0:
            return istart + self._randbelow(width)
        raise ValueError(f"empty range in randrange({start}, {stop})")

    # 미지원 step 인수가 제공됨
```

```
32      if istep > 0:
33          n = (width + istep - 1) // istep
34      elif istep < 0:
35          n = (width + istep + 1) // istep
36      else:
37          raise ValueError("zero step for randrange()")
38      if n <= 0:
39          raise ValueError(f"empty range in randrange({start}, {stop}, {step})")
40      return istart + istep * self._randbelow(n)
```

원본 코드는 전체적으로 한 단계 들여쓰기 되어 있지만, 쉽게 읽기 위해 첫 번째 들여쓰기를 생략했습니다. 가지고 있는 코드와는 이 부분에서 차이가 있다는 점을 주의해 주세요. 또한, 업데이트로 인해 코드가 다를 수도 있습니다. 코드에 관한 설명은 실제 코드에 맞추어 적절히 바꾸어 읽어 보세요.

이 코드는 함수의 정의이기 때문에 메인 부분이 없습니다. 1번째 줄의 def문 이후부터 차례로 실행됩니다. 그에 맞춰서 위부터 읽어 보겠습니다.

소스 코드 안에 주석이 있어 처리 내용을 참고할 수 있지만, 코드만 보기 위해 주석을 지워 보겠습니다.

```
def randrange(self, start, stop=None, step=_ONE):
    istart = _index(start)

    if stop is None:
        if step is not _ONE:
            raise TypeError("Missing a non-None stop argument")
        if istart > 0:
            return self._randbelow(istart)
        raise ValueError("empty range for randrange()")

    istop = _index(stop)
    width = istop - istart
    istep = _index(step)
```

```
    if istep == 1:
        if width > 0:
            return istart + self._randbelow(width)
        raise ValueError(f"empty range in randrange({start}, {stop})")

    if istep > 0:
        n = (width + istep - 1) // istep
    elif istep < 0:
        n = (width + istep + 1) // istep
    else:
        raise ValueError("zero step for randrange()")
    if n <= 0:
        raise ValueError(f"empty range in randrange({start}, {stop},
{step})")
    return istart + istep * self._randbelow(n)
```

첫 번째 처리는 첫 번째 인수를 _index() 함수로 가공하는 것입니다.

```
    istart = _index(start)
```

구체적으로 무엇을 하는지는 _index() 함수를 읽어 보면 알 수 있는데, 여기서는 생략하겠습니다.

다음은 두 번째 인수가 없으면서 세 번째 인수가 기본값인 _ONE이 아닌 경우 TypeError를 발생시킵니다.

```
    istart = _index(start)

    if stop is None:
        if step is not _ONE:
            raise TypeError("Missing a non-None stop argument")
```

세 번째 처리는 두 번째 인수가 없고 세 번째 인수도 없으면 _randbelow() 함수의 반환 값을 random.randrange() 함수의 반환 값으로 합니다. 난수를 어떻게 정하는지는 _randbelow() 함수를 읽어 보면 알 수 있습니다. 프로그램 내부까지 살펴보지는 않겠지만, random.randrange() 함수의 공식 문서를 통해 추측하면 _randbelow() 함수는 0 이상, 첫 번째 인수 미만의 정수를 무작위로 생성하는 함수라고 보면 됩니다.

```
        if istart > 0:
            return self._randbelow(istart)
```

네 번째 처리는 두 번째 인수가 있을 경우 첫 번째와 두 번째 인수의 차이를 계산해 난수를 생성하는 범위를 결정합니다.

```
    istop = _index(stop)
    width = istop - istart
```

다음은 세 번째 인수도 사용합니다. 세 번째 인수가 1 혹은 생략된 경우, 첫 번째 인수 이상, 두 번째 인수 미만의 범위에서 난수를 반환합니다.

네 번째 처리에서 계산한 범위(width)를 _randbelow() 함수에 넘겨주고, 그 결과를 첫 번째 인수의 시작값에 더한 값을 반환 값으로 합니다.

```
    istep = _index(step)

    if istep == 1:
        if width > 0:
            return istart + self._randbelow(width)
```

세 번째 인수가 생략된 경우는 step의 초기값인 _ONE이 사용되는데, _ONE의 값은 1입니다.

```
def randrange(self, start, stop=None, step=_ONE):
```

6번째는 세 번째 인수가 2 이상으로 지정된 경우를 처리합니다. 첫 번째 인수와 세 번째 인수의 값으로 첫 번째 인수 이상, 두 번째 인수 미만의 정수를 무작위로 반환합니다.

마지막 줄에서는 세 번째 인수가 지정한 간격으로 건너뛰는 식도 볼 수 있습니다.

```
    if istep > 0:
        n = (width + istep - 1) // istep
    elif istep < 0:
        n = (width + istep + 1) // istep
    else:
        raise ValueError("zero step for randrange()")
    if n <= 0:
        raise ValueError(f"empty range in randrange({start}, {stop},
{step})")
    return istart + istep * self._randbelow(n)
```

random.randrange() 함수의 메인 부분을 구분해 읽어 보았습니다. 지정하는 인수를 지정하는 방식에 따라 분기하는 것처럼 보이지만, _randbelow() 함수로 가져온 무작위 값을 항상 반환 값에 이용하는 것을 알 수 있습니다.

여기에서는 오류 처리나 메인 부분에서 호출된 함수까지는 읽지 않았지만, 전체적으로 함수의 처리 흐름을 이해하는 데는 이만큼만 읽을 수 있어도 충분합니다. 만약 부족하다고 하는 분은 꼭 더 깊이 파고들어 읽어 보기 바랍니다.

# 7.2 calendar 모듈의 month() 함수

파이썬의 표준 모듈에서 한 함수를 더 읽어 보겠습니다. calendar 모듈의 month() 함수입니다. 모듈명, 함수명만으로 어떤 함수인지는 어느 정도 예상할 수 있습니다. 그럼 먼저 프로그램 읽기 전 준비부터 하겠습니다.

## 프로그램을 읽기 전에 추측하기

지금까지 읽어 온 각 프로그램과 마찬가지로 프로그램의 목적, 문서를 통해 함수의 입력 · 출력 · 처리를 추측해 봅시다.

### 프로그램의 목적

이 함수는 지정한 연월의 달력을 표시하는 함수입니다.

### 공식 문서

이것도 외부 사양이나 상세 설계 대신 공식 문서를 참조합시다. calendar 모듈의 공식 문서는 다음과 같습니다.

URL https://docs.python.org/ko/3/library/calendar.html

문서에는 'calendar.month를 사용함으로써 TextCalendar 클래스의 formatmonth() 메서드가 사용된다'는 설명이 있습니다. 보통 calendar.month를 기술하는 경우가 많은데, calendar 모듈의 프로그램으로는 formatmonth() 메서드를 보게 됩니다. 그래서 이후에는 formatmonth() 메서드에 초점을 맞춰 설명하겠습니다.

formatmonth() 메서드의 구문은 다음과 같습니다.

```
formatmonth(theyear, themonth, w=0, l=0)
```

이것을 통해 1개월 달력을 나타내는 여러 줄의 문자열을 반환합니다. w는 날짜를 나타내는 열의 폭을 지정합니다. 폭을 넓히면 날짜 표시는 그 폭의 중앙에 표시됩니다. l로 1주일분을 표시하는 세로 폭을 지정합니다. formatmonth() 메서드의 경우 텍스트로 출력하기 때문에 세로 폭은 행의 수를 말합니다. 또한 한 주의 시작 요일은 calendar 모듈의 setfirstweekday() 메서드를 사용해 지정합니다.

### 프로그램 실행 결과

공식 문서에 나와 있는 것처럼 formatmonth() 메서드의 구문을 바탕으로 calendar.month() 함수 인수를 몇 가지 바꾼 프로그램을 작성해 보겠습니다. 또한, setfirstweekday() 메서드로 한 주의 시작 요일을 지정할 수 있습니다. 이 메서드도 사용해 보고, 어떻게 출력되는지 확인해 보겠습니다.

테스트용 프로그램을 봐주세요.

**코드 7-4 calender.month() 함수의 동작을 시험하는 프로그램**

```
import calendar
print(calendar.month(2024, 8))
print(calendar.month(2024, 8, 4, 2))
calendar.setfirstweekday(calendar.SUNDAY)
print(calendar.month(2024, 8, 4, 2))
```

이 프로그램으로 세 가지 패턴의 달력을 출력하겠습니다. 첫 번째는 2024년 8월 달력을 표준 출력으로 표시합니다. 다음으로 같은 달력에서 날짜 열의 폭은 4, 주의 세로 높이는 2로 설정해 출력합니다. 마지막으로, 여기에 한 주의 첫 번째 요일을 일요일로 설정하고 있습니다.

이것을 실행하면 다음처럼 출력됩니다.

```
    August 2024
Mo Tu We Th Fr Sa Su
          1  2  3  4
 5  6  7  8  9 10 11
12 13 14 15 16 17 18
19 20 21 22 23 24 25
26 27 28 29 30 31

           August 2024

Mon   Tue   Wed   Thu   Fri   Sat   Sun

                      1     2     3     4

  5     6     7     8     9    10    11

 12    13    14    15    16    17    18

 19    20    21    22    23    24    25

 26    27    28    29    30    31


           August 2024

Sun   Mon   Tue   Wed   Thu   Fri   Sat

                            1     2     3

  4     5     6     7     8     9    10

 11    12    13    14    15    16    17
```

```
18   19   20   21   22   23   24
25   26   27   28   29   30   31
```

이 실행 결과를 보고, calendar.month() 함수(즉, formatmonth() 메서드)의 입력과 출력을 생각해 보았습니다.

> 입력: 연, 월, 표시하는 폭과 높이, 한 주의 시작 요일
> 출력: 지정된 연월의 달력

이 함수는 지정된 연월의 달력을 폭, 높이, 시작 요일을 설정해 출력한다고 추측할 수 있습니다.

## 프로그램 읽기

지금까지의 정보로 추측한 결과를 확인하기 위해 프로그램을 살펴보겠습니다. randrange() 함수와 마찬가지로 프로그램으로 소스 코드를 출력합니다.

**코드 7-5 calendar.month() 함수의 소스를 표시하는 프로그램**

```
import calendar
import inspect


# 소스를 표시한다
print(inspect.getsource(calendar.month))
```

이것을 실행하면 formatmonth() 메서드를 정의하는 코드가 표시됩니다. 이것만 봐도, 프로그램 안에서 calendar.month() 함수를 기술하면 formatmonth() 메서드가 호출되는 것을 알 수 있습니다.

formatmonth() 메서드의 코드는 다음과 같습니다. randrange() 함수일 때와 마찬가지로 가독성을 고려해 들여쓰기를 조정했습니다.

**코드 7-6 formatmonth() 메서드를 정의하는 코드**

```
01 def formatmonth(self, theyear, themonth, w=0, l=0):
02     """
03     Return a month's calendar string (multi-line).
04     """
05     w = max(2, w)
06     l = max(1, l)
07     s = self.formatmonthname(theyear, themonth, 7 * (w + 1) - 1)
08     s = s.rstrip()
09     s += '\n' * l
10     s += self.formatweekheader(w).rstrip()
11     s += '\n' * l
12     for week in self.monthdays2calendar(theyear, themonth):
13         s += self.formatweek(week, w).rstrip()
14         s += '\n' * l
15     return s
```

메인 부분을 보고 전체 처리를 파악합시다. 하지만 메서드는 함수와 마찬가지로 main() 함수가 없으니 전체 처리를 파악하는 것을 염두에 두고 위부터 순서대로 살펴봐야 합니다.

우선 대략적인 흐름을 파악해 봅시다. 겨우 15줄짜리의 프로그램이지만, 7번째 줄까지는 다음과 같은 두 가지 처리를 실행하고 있습니다.

❶ 폭이나 높이를 변수로 유지한다.

```
05     w = max(2, w)
06     l = max(1, l)
```

❷ 연월의 문자열을 가져온다.

```
07    s = self.formatmonthname(theyear, themonth, 7 * (w + 1) - 1)
```

❷는 formatmonthname() 메서드를 실행하며, 함수명과 실행 결과의 출력으로 미뤄볼 때 첫 번째 줄의 연월(실행 결과의 August 2024)을 출력하는 것은 아닐까요? 또한 세 번째 인수로 1주일 분의 폭을 계산하는 것처럼 보입니다.

좀 더 앞 부분을 봅시다.

❸ 행의 높이를 조정한다.

```
08    s = s.rstrip()
09    s += '\n' * l
```

8번째 줄의 rstrip() 함수는 문자열의 오른쪽 끝 한 글자를 삭제하는 함수입니다. s는 7번째 줄에서 생성된 문자열이고, 오른쪽 끝 글자는 개행 문자입니다. 이것을 일단 삭제하고, 네 번째 인수로 지정한 행 수만큼 개행 문자를 추가하는 것을 알 수 있습니다.

❹ 요일의 행을 가져온다.

```
10    s += self.formatweekheader(w).rstrip()
11    s += '\n' * l
```

이 처리도 ❸과 마찬가지로 행의 마지막 개행 문자의 수를 1에 맞춰 높이를 조정하는 처리를 하면서(11행), formatweekheader() 메서드의 인수 w로 문자 간격을 조정한다고 추측할 수 있습니다.

❺ 달력 본문을 가져온다.

```
12    for week in self.monthdays2calendar(theyear, themonth):
13        s += self.formatweek(week, w).rstrip()
14        s += '\n' * l
```

monthdays2calendar()라는 함수 혹은 메서드[2]가 나왔습니다. 그런데 이 세 줄이 반복문으로 구성되어 있고, 13번째 줄에서는 monthdays2calendar()에서 가져온 값을 formatweek()의 인수로 사용하고 있습니다. 따라서 monthdays2calendar()는 지정된 연도와 월을 바탕으로 해당 월의 총 주 수를 반환하는 것으로 보입니다. 이 값을 반복문의 종료 조건을 지정하는 데 사용하고 있는 것으로 판단됩니다.

그리고 13번째 줄에서 몇 번째 주인지를 알 수 있으므로 그 주의 날짜가 나열된 행을 추가하고 있다고 볼 수 있습니다.

❻ 캘린더의 데이터를 반환 값으로 반환한다.

```
15        return s
```

❶에서 ❺까지의 처리가 끝난 시점에서 변수 s에 저장된 달력 문자열을 반환합니다.

formatmonth() 메서드의 주요 처리 흐름은 이렇게 되어 있습니다. 중간에 호출하는 formatmonthname() 메서드 등도 실행 결과와 대조하면서 입력과 출력을 추적함으로써 각각의 처리 내용을 추측할 수 있었습니다. 그 추측이 맞는지 확인하기 위해 각 함수의 코드도 읽어 보세요.

이렇게 입력과 출력을 알고 있으면 처리를 추측하는 것은 그리 어렵지 않습니다. 반복해 많은 프로그램을 읽으면 입력과 출력을 찾는 힘이 생깁니다. 그렇게 하면 처리를 찾는 능력도 확실히 올라갑니다. 그것에 의해 프로그램을 읽는 힘이 점점 생겨, 어떤 프로그램이라도 읽을 수 있게 됩니다. 프로그램을 읽는 데 도움이 되는 방법으로, 자주 사용하는 함수의 소스 코드를 열어 보기를 추천합니다.

2 인터넷으로 검색해 보면 formatmonthname() 및 formatweek()는 모두 calendar 모듈에 정의된 TextCalendar 클래스의 메서드임을 알 수 있습니다.

memo

# 8장

# 업무 시스템 읽기 실습

8.1 고객 관리 시스템

실제 개발 업무에 활용할 수 있는 '읽는 법'을 익힐 기회는 사람에 따라 다릅니다. 또한, 실무 중에 자신에게 맞는 적당한 크기나 내용의 프로그램으로 연습할 수 있는 경우는 거의 없습니다. 그래서 이 장에서는 비교적 간단한 업무 시스템 프로그램을 읽어 보려고 합니다.

이 장에서 소개하는 것은 간단한 고객 관리 시스템입니다. 외부 사양서, 상세 설계서가 갖춰져 있습니다. 프로그램 자체는 기능을 줄임으로써 100줄 정도의 코드로 되어 있지만, 고객 관리 시스템의 기본적인 기능은 구현하고 있습니다. 읽기 쉬운 코드로 작성되어 있어, 업무 시스템을 읽는 법을 익히기에 적합하다고 판단해 선택했습니다.

업무 시스템 혹은 고객 관리 시스템이라고 하면 복잡할 것이라고 상상할지도 모릅니다. 하지만 지금까지 살펴본 대로 프로그램 안에서 입력과 출력을 찾는 방법은 바뀌지 않습니다. 입력과 출력을 찾을 수 있다면 어떤 프로그램이든 읽을 수 있다는 것을 이 장의 실습으로 체감했으면 합니다.

CODE READING

## 8.1 고객 관리 시스템

여기서 다루는 고객 관리 시스템을 만든 사람에게 물어볼 수 없다는 점은 지금까지의 프로그램과 같습니다. 한편, 외부 사양서와 상세 설계서는 제대로 남아 있고, 그것을 참조할 수 있다는 전제입니다.

### 프로그램을 읽기 전에 추측하기

여기서는 고객 관리 시스템을 버전업하는 개발 프로젝트에 팀원으로 참여한다는 가정하에 프로그램을 읽겠습니다.

프로그램을 읽기 전에 가능한 한 많은 정보를 모아서 프로그램의 전체적인 모습을 예상하는 것이 중요하다고 지금까지 여러 번 설명했습니다. 바로 그것을 위한 준비를 진행해 봅시다.

### 프로그램의 목적

이 프로그램의 목적은 고객 정보를 관리하는 것입니다. 등록한 고객에 대해 필요한 정보를 신속하게 참조해 고객 대응 속도를 높이기 위한 것으로 개발되었습니다.

### 외부 사양

외부 사양서 전체를 게재하는 것은 지면 낭비이므로 프로그램을 읽기 위한 요점만 뽑았습니다. 요점은 ❶ 시스템의 개요, ❷ 기능 일람, ❸ 비기능적 요구사항, ❹ 이용자입니다. 사양서에서 정보를 읽어 내는 기준을 이 정도의 항목과 세부 수준을 기준으로 하길 바랍니다.

#### ❶ 시스템의 개요

이 시스템은 고객 정보를 CSV 파일로 관리하는 간단한 고객 관리 시스템입니다. 고객의 등록, 검색, 변경, 삭제와 같은 기본적인 기능을 제공합니다.

#### ❷ 기능 일람

이 시스템에서는 다음의 기능을 제공합니다.

- 고객 등록: 고객 정보를 신규로 등록한다.
- 고객 검색: 고객명이나 회사명 등의 키워드로 고객을 검색한다.
- 고객 정보 변경: 등록된 고객 정보를 변경한다.
- 고객 삭제: 등록된 고객을 삭제한다.
- 데이터 저장: 고객 정보를 CSV 파일에 저장한다.
- 데이터 불러오기: CSV 파일에서 고객 정보를 불러온다.

### ❸ 비기능적 요구사항

이 시스템에서는 다음 내용에 유의해 구현합니다.

- 편의성: 직관적인 조작으로 누구나 쉽게 이용할 수 있다.
- 신뢰성: 데이터의 파손을 방지하고 정확한 정보를 유지한다.
- 확장성: 나중의 기능 추가에 대응할 수 있는 유연한 설계로 한다.

### ❹ 이용자

이 시스템은 고객 정보를 관리해야 하는 개인 또는 소규모 조직의 이용을 상정하고 있습니다.

## 상세 설계

상세 설계도 외부 사양과 마찬가지로 설계서 전체가 아닌 요점을 정리하겠습니다. ❶ 데이터 구조, ❷ 모듈 설계, ❸ 알고리즘, ❹ 조작 순서, ❺ 오류 처리, ❻ 향후 과제 등 6개 항목에서 프로그램을 읽는 데 유용한 정보를 뽑았습니다.

### ❶ 데이터 구조

고객 데이터는 CSV 파일에 저장합니다. 데이터는 다음 항목으로 구성됩니다.

- 회사명
- 부서명
- 담당자명
- 전화 번호
- 휴대 전화 번호
- 주소
- 메일 주소
- 비고

### ❷ 모듈 설계

이 시스템에서는 다음의 모듈을 구현합니다.

- `load_data()`: CSV 파일에서 고객 데이터를 불러와서 메모리의 리스트에 저장한다.
- `save_data()`: 메모리의 고객 데이터를 CSV 파일에 저장한다.
- `show_menu()`: 메뉴를 표시한다.

- `register_customer()`: 고객 정보를 등록한다.
- `search_customer()`: 고객을 검색한다.
- `update_customer()`: 고객 정보를 변경한다.
- `delete_customer()`: 고객을 삭제한다.

### ❸ 알고리즘

각 기능의 처리 흐름을 간단히 설명합니다.

- 고객 등록: 입력된 고객 정보를 리스트에 추가한다.
- 고객 검색: 입력된 키워드를 포함한 고객을 리스트에서 검색한다.
- 고객 정보 변경: 검색된 고객 정보를 입력된 내용으로 변경한다.
- 고객 삭제: 검색된 고객을 리스트에서 삭제한다.

### ❹ 조작 순서

이 시스템은 다음과 같은 흐름을 상정하고 있습니다.

1. 프로그램 시작
2. CSV 파일에서 고객 데이터를 불러옴
3. 메뉴 표시
4. 사용자가 메뉴를 선택
5. 선택된 기능 실행
6. 처리 결과 표시
7. 프로그램 종료 혹은 메뉴 표시

### ❺ 오류 처리

다음의 상황을 가정하고 오류 처리를 구현합니다.

- CSV 파일을 찾을 수 없을 때
- 입력 값이 틀릴 때

### ❻ 향후 과제

이 시스템의 향후 개선점을 제시합니다.

- 데이터 중복 검사: 고객 등록 시 고객이 이미 등록되었는지 확인한다.
- 검색 기능 강화: 현재보다 여러 조건으로 검색할 수 있도록 한다.
- 사용자 인터페이스: 더 사용하기 쉬운 GUI를 만든다.
- 데이터 백업: 정기적으로 데이터를 백업한다.
- 보안: 패스워드에 의한 보호나 부정 접근 대책을 검토한다.

## 프로그램 전체 모습 상상하기

앞에서 말한 바와 같이, 여기에서는 이 고객 프로그램을 버전업하는 것을 전제로 합니다. 이를 바탕으로 프로그램을 읽을 준비를 해봅시다.

제가 프로젝트의 팀원이라면 프로그램을 읽기 전에 ① 고객 관리 시스템에 대한 조사와 ② 대상 시스템의 사양 확인, 이 두 가지를 먼저 할 것입니다.

### ① 고객 관리 시스템에 대해 조사하기

애초에 자신이 고객 관리 시스템을 이해하고 있는지부터 생각해야 합니다. 비슷한 시스템을 개발한 경험이 여러 번 있다면 필요 없겠지만, 그렇지 않다면 고객 관리 시스템이 보통 어떤 것인지 조사해야 합니다. 어느 정도는 알고 있지만, 정확히 알고 있는지, 누락된 부분은 없는지 확인하기 위해 이러한 기초 지식 점검이 필요합니다. 이미 알고 있는 내용이 많더라도, 자신의 지식을 다시 검토할 수 있다는 점에서 조사하는 것에는 충분히 의미가 있습니다.

조사의 주요 항목은 다음입니다.

- 일반적인 고객 관리 시스템의 목적
- 필요한 데이터

- 데이터 입력 방법
- 데이터 출력(관리) 방법

업무 시스템이라면 어떤 목적이든, 이러한 시스템일 것이라는 일반적인 이미지가 있습니다. 고객 관리 시스템이라면 고객의 정보를 관리해 사용하고 싶을 때 검색하는 기능이 있으리라고 짐작할 수 있습니다.

그에 따라 다음 두 기능은 반드시 구현되어 있어야 합니다.

1. 고객을 관리(등록/변경/삭제)한다.
2. 고객을 검색한다.

고객 등록의 기능에 대한 입력과 출력을 생각해 봅시다. 일반적으로는 다음과 같습니다.

입력: 고객 정보
출력: 고객 정보를 기록 매체에 출력

출력에 대해서는 일반적으로 사내 서버의 파일, 데이터베이스 서버, 클라우드 데이터베이스 등을 출력되는 장소라고 생각할 수 있습니다. 이번 출력은 CSV 파일입니다.

처리에 대해서는 입력된 고객 정보를 CSV 파일로 출력한다고 볼 수 있습니다.

마찬가지로 고객 검색에 대해서도 입력 · 출력 · 처리를 정리해야 합니다. 입력과 출력은 다음과 같을 것입니다.

입력: 고객을 검색하기 위한 키워드
출력: 입력과 일치하는 고객 정보

검색이기 때문에 처리 내용은 키워드에 맞는 고객을 검색해 그 고객 정보를 표시한다고 예상할 수 있습니다.

등록이나 검색에 한정하지 않고, 업무 시스템이라면 어떤 것이든 요구되는 기능에는 대체로 '이러해야 한다'라는 기준이 있습니다. 그것을 조사하거나 추측해 일반적인 전체 모습을 파악한 후 대상 시스템을 조사하기 바랍니다. 고객 관리 시스템이라면 여기서 정리한 것과 같은 시스템 전체의 모습에서 크게 벗어나지 않을 것입니다.

### ② 대상 시스템의 사양 확인하기

일반적인 시스템을 정확히 이해한 후에 대상 시스템을 살펴보겠습니다.

우선 사양서입니다.

외부 사양에 대해서는 다음을 확인합니다.

- 입력이나 출력을 어떤 방법으로 하고 있는가
- 어떤 기능이 구현되어 있는가

상세 설계에서는 다음을 확인합니다.

- 구체적인 입력 항목 및 출력 항목
- 출력 형식
- 기능과 함수의 결합

출력 형식에 대해서, 이번 경우에는 CSV 파일인 것을 알고 있습니다. 하지만 상세 설계에서는 어떤 항목이 어떤 순서로 나열되는지까지 확인하겠습니다.

이러한 시점에서 사양서를 읽고, 대상 시스템이 어떻게 움직이고 있는지를 조사합니다. 외부 사양에서 입력과 출력이 어떻게 되어 있는지 파악하고, 상세 설계에서는 더 구체적으로 입력과 출력에 대해 조사합니다. 이를 통해 메인 부분의 대략적인 흐름을 확실히 이해할 수 있습니다.

이때 일반적인 시스템을 미리 머릿속에 그려 두면, 대상 시스템을 조사하는 데 걸리는 시간을 줄일 수 있습니다. 보통 이렇게 되어 있을 것이라는 짐작에 따라 그 차이가 어디에 있는지 살펴보면 되기 때문입니다.

## 프로그램 읽기

여기까지 조사했다면 프로그램을 원활하게 읽을 수 있을 것입니다. 실제 프로그램을 읽을 때는 다음과 같은 시점으로 읽어야 하기 때문에 큰 프로그램도 효율적으로 읽을 수 있습니다.

- 메인 부분의 흐름이 어떻게 되어 있는가
- 있어야 할 기능이 어느 부분(함수)에서 구현되어 있는가

그럼 고객 관리 시스템의 프로그램을 읽어 봅시다.

**코드 8-1 고객 관리 시스템의 프로그램 예(clientDB.py)**

```
import csv


# 고객 데이터를 저장하는 리스트
customers = []


def load_data():
    """CSV 파일에서 고객 데이터를 불러오기"""
    try:
        with open('customers.csv', 'r', newline='') as f:
            reader = csv.reader(f)
            for row in reader:
                customers.append(row)
    except FileNotFoundError:
        print("고객 데이터를 못 찾겠습니다.")


def save_data():
    """고객 데이터를 CSV 파일로 저장하기"""
    with open('customers.csv', 'w', newline='') as f:
        writer = csv.writer(f)
        writer.writerows(customers)

```

```python

def show_menu():
    print("1. 고객 등록")
    print("2. 고객 검색")
    print("3. 고객 정보 변경")
    print("4. 고객 삭제")
    print("5. 종료")


def register_customer():
    company_name = input("회사명을 입력해 주세요: ")
    department = input("부서명을 입력해 주세요: ")
    name = input("담당자명을 입력해 주세요: ")
    tel = input("전화 번호를 입력해 주세요: ")
    mobile = input("휴대전화 번호를 입력해 주세요: ")
    address = input("주소를 입력해 주세요: ")
    mail = input("메일 주소를 입력해 주세요: ")
    remarks = input("비고를 입력해 주세요: ")
    customers.append([company_name, department, name, tel, mobile, address, mail, remarks])
    print("고객 정보를 등록했습니다.")


def search_customer():
    search_keyword = input("검색 키워드를 입력해 주세요: ")
    for customer in customers:
        if search_keyword in customer:
            print("회사명:", customer[0])
            print("부서명:", customer[1])
            print("담당자명:", customer[2])
            print("전화 번호:", customer[3])
            print("휴대전화 번호:", customer[4])
            print("주소:", customer[5])
            print("메일 주소:", customer[6])
            print("비고:", customer[7])
            return
    print("해당하는 고객을 못 찾겠습니다.")


```

```python
def update_customer():
    search_keyword = input("변경하고 싶은 고객의 회사명 혹은 담당자명을 입력해 주세요: ")
    for i, customer in enumerate(customers):
        if search_keyword in customer:
            print("변경할 항목을 선택해 주세요:")
            print("1. 회사명")
            print("2. 부서명")
            print("3. 담당자명")
            print("4. 전화 번호")
            print("5. 휴대전화 번호")
            print("6. 주소")
            print("7. 메일 주소")
            print("8. 비고")
            choice = input()
            new_value = input("새로운 값을 입력해 주세요: ")
            customers[i][int(choice)-1] = new_value
            print("고객 정보를 변경했습니다.")
            return
    print("해당하는 고객을 못 찾겠습니다.")


def delete_customer():
    search_keyword = input("삭제하고 싶은 고객의 회사명 혹은 담당자명을 입력해 주세요: ")
    for i, customer in enumerate(customers):
        if search_keyword in customer:
            del customers[i]
            print("고객 정보를 삭제했습니다.")
            return
    print("해당하는 고객을 못 찾겠습니다.")


if __name__ == "__main__":
    load_data()


    while True:
        show_menu()
```

```
100         choice = input("메뉴를 선택해 주세요: ")
101
102
103         if choice == '1':
104             register_customer()
105         elif choice == '2':
106             search_customer()
107         elif choice == '3':
108             update_customer()
109         elif choice == '4':
110             delete_customer()
111         elif choice == '5':
112             save_data()
113             print("종료합니다.")
114             break
115         else:
116             print("없는 메뉴입니다.")
```

## 메인 부분의 흐름 이해하기

앞서 설명한 것처럼 먼저 메인 부분이 시작되는 곳을 찾아봅니다. 이 프로그램의 경우 main() 함수는 없지만 94번째 줄에 있습니다.

```
if __name__ == "__main__":
```

이 코드는 '__name__ 변수 값이 문자열 __main__이라면'이라는 뜻입니다.

파이썬에서는 프로그램 실행 시 기본적으로 __name__ 변수에 다음이 저장됩니다.

```
"__main__"
```

그래서 이 프로그램을 실행해 94번째 줄이 True일 경우 반드시 다음 코드가 실행됩니다.

```
95  load_data()
```

그래서 이것이 메인 부분의 첫 번째 처리가 됩니다.

메인 부분의 처리를 따라가 봅시다. 95번째 줄부터 순서대로 살펴봅니다.

### ❶ 등록된 고객 정보 불러오기

```
95  load_data()
```

### ❷ 조작용 메뉴 표시하기

```
98      while True:
99          show_menu()
```

### ❸ 지정된 메뉴 번호에 대응되는 처리 실행하기

```
100         choice = input("메뉴를 선택해 주세요: ")
101
102
103         if choice == '1':
104             register_customer()
105         elif choice == '2':
106             search_customer()
107         elif choice == '3':
108             update_customer()
109         elif choice == '4':
110             delete_customer()
111         elif choice == '5':
112             save_data()
113             print("종료합니다.")
114             break
115         else:
116             print("없는 메뉴입니다.")
```

메뉴가 어떻게 되어 있는지는 show_menu() 함수를 보면 알 수 있습니다. 함수 정의는 26번째~31번째 줄에 있습니다.

메인 부분의 103번째 줄 이후를 보면 고객 관리의 기본 기능인 고객 등록과 고객 검색이 구현되어 있는 것을 알 수 있습니다. 고객 등록 관련 기능에서는 등록, 갱신, 삭제를 위해 각각 register_customer() 함수, update_customer() 함수, delete_customer() 함수를 호출하고, 검색 관련 기능으로는 search_customer() 함수를 호출하고 있습니다.

여기에서는 함수의 자세한 내용까지 다루지 않으므로 꼭 실습으로 읽어 보기 바랍니다. 읽기 어렵다면 가능한 한 큰 범위에서부터 입력과 출력이 무엇인지 파악한 후 다시 읽으면 좋을 것입니다. 하지만 지금까지 이 책을 읽었다면 그리 어렵지는 않을 것입니다.

여기서 다룬 프로그램은 100여 줄로, 크기도 내용도 간단합니다. 실제 업무에 사용되는 고객 관리 시스템은 기능이 더 많습니다. 또한 많은 정보를 관리하고, 화면으로 조작하는 것과 같은 사용자 인터페이스도 만들어져 있을 것입니다. 크기도 크고 함수도 많으며 각각의 코드도 복잡할 것입니다.

하지만 고객 관리 시스템이라면 반드시 고객 등록, 고객 검색 기능은 있습니다. 그 기능이 어떤 프로그램으로 되어 있는지 읽을 수 있다면, 다른 기능도 쉽게 읽을 수 있을 것입니다.

어떤 시스템이든 먼저 간단하게 전체 모습을 파악하는 것, 즉 전체의 입력이나 출력이 어떻게 되어 있는지 파악한 다음 처리를 읽어 나가는 것부터 시작합시다. 그렇게 생각하면 이전보다 길고 복잡해 보이는 프로그램도 읽을 수 있다는 자신감이 생길 것입니다. 꼭 이러한 자세로 계속 프로그램을 읽어 나가기 바랍니다.

## ㄱ



## ㄷ



## ㄹ



## ㅁ



## ㅂ



## ㅅ

## ㅇ



## ㅈ



## ㅊ



## ㅋ

## N



## P



## R



## V